BWL-Formeln für Dummies

Die wichtigsten Formeln

Sie brauchen eine Zusammenstellung der wic auf dieser Schummelseite habe ich für Sie die wichtigsten BWL-Formeln zusammengestellt, die man in der Ausbildung und im Beruf benötigt. Eine Auswahl zu treffen ist natürlich schwierig. Daher habe ich aus jedem Kapitel einige wichtige Formeln ausgesucht.

Wenn Sie mehr zu den Formeln wissen möchten, sollten Sie einfach in dieses Buch schauen. Das Stichwortverzeichnis am Ende des Buches hilft Ihnen, damit Sie schnell die richtige Seite finden.

Grundlegende BWL-Formeln

$$\text{Produktivität} = \frac{\text{Outputmenge}}{\text{Inputmenge}}$$

$$\text{Wirtschaftlichkeit} = \frac{\text{wertmäßiger Output}}{\text{wertmäßiger Input}} = \frac{\text{Ertrag}}{\text{Aufwand}}$$

$$\text{Eigenkapitalrentabilität} = r_{EK} = \frac{\text{Gewinn}}{\text{Eigenkapital}} \cdot 100$$

$$\text{Umsatzrentabilität} = \frac{\text{Gewinn}}{\text{Umsatz}} \cdot 100$$

Materialwirtschaft

Optimale Bestellmenge

$$= \sqrt{\frac{200 \cdot \text{Jahresbedarf in Stück} \cdot \text{bestellfixe Kosten}}{\text{Bestellpreis je Stück} \cdot (\text{Zinssatz} + \text{Lagersatz p.a. in \%})}}$$

$$\text{Lagerumschlagshäufigkeit} = \frac{\text{Materialeinsatz pro Jahr}}{\text{durchschnittlicher Lagerbestand}}$$

BWL-Formeln für Dummies – Schummelseite

Produktion

$$\text{Optimale Losgröße} = \sqrt{\frac{200 \cdot \text{Jahresbedarf in Stück} \cdot \text{fixe Rüstkosten}}{\text{Herstellkosten je Stück} \cdot (\text{Zinssatz} + \text{Lagersatz p.a. in \%})}}$$

$$\text{Break-even-Menge} = \frac{\text{Fixkosten}}{\text{Preis pro Stück} - \text{variable Stückkosten}}$$

$$\text{Kapazitätsauslastungsgrad} = \frac{\text{Istauslastung}}{\text{Maximalauslastung}} \cdot 100$$

$$\text{Ausschussquote} = \frac{\text{Ausschussmenge}}{\text{Produktionsmenge}} \cdot 100$$

Marketing

$$\text{Absoluter Marktanteil} = \frac{\text{Absatzvolumen}}{\text{Marktvolumen}} \cdot 100$$

$$\text{Relativer Marktanteil} = \frac{\text{eigener absoluter Marktanteil}}{\text{absoluter Marktanteil des größten Konkurrenten}} \cdot 100$$

Preis-Absatz-Funktion: $p(x) = a - b \cdot x$

Gewinn = $G(x)$ = Erlös – Kosten = $E(x) - K(x) = x \cdot p(x) - (K_F + K_v(x))$

$$\text{Preiselastizität der Nachfrage} = \frac{\text{relative Mengenänderung}}{\text{relative Preisänderung}}$$

Investitionsrechnung

$$K_o = -a_0 + (E_1 - A_1) \cdot \frac{1}{(1+i)^1} + (E_2 - A_2) \cdot \frac{1}{(1+i)^2} + \ldots$$

$$+ (E_n - A_n) \cdot \frac{1}{(1+i)^n} + L_n \cdot \frac{1}{(1+i)^n}$$

Kapitalwert K_o = Summe der Barwerte aller Einzahlungsüberschüsse ($E_t - A_t$) + Barwert des Liquidationserlöses L_n – Anschaffungsauszahlung a_0

$$\text{Annuität} = K_o \div \frac{(1+i)^n - 1}{(1+i)^n \cdot i}$$

BWL-Formeln für Dummies – Schummelseite

Finanzierung

$$\frac{\text{Effektiver Jahreszins}}{\text{Ratenkredit}} = \frac{\text{Kreditkosten}}{\text{Nettodarlehensbetrag}} \cdot \frac{24}{(\text{Laufzeit in Monaten}) + 1} \cdot 100$$

$$\text{Effektiver Jahreszins Lieferantenkredit} = \frac{\text{Skontosatz} \cdot 360}{\text{Zahlungsziel} - \text{Skontofrist}}$$

$$\text{Gesamtkapitalkosten (WACC)} = r = r_{FK} \cdot (1-s) \cdot \frac{\text{Fremdkapital}}{\text{Gesamtkapital}} + r_{EK} \cdot \frac{\text{Eigenkapital}}{\text{Gesamtkapital}}$$

$$\text{Leverage-Formel: } r_{EK} = r + \frac{\text{Fremdkapital}}{\text{Eigenkapital}} \cdot (r - r_{FK})$$

Jahresabschlussanalyse

Goldene Bilanzregel im *weiteren* Sinne:

$$\frac{\text{Eigenkapital} + \text{langfristiges Fremdkapital}}{\text{Anlagevermögen} + \text{langfristiges Umlaufvermögen}} \geq 1$$

$$\text{Liquidität 3. Grades} = \frac{\text{kurzfristiges Umlaufvermögen}}{\text{kurzfristige Verbindlichkeiten}} \cdot 100$$

Working Capital = Umlaufvermögen − kurzfristige Verbindlichkeiten

Cashflow = Jahresüberschuss/-fehlbetrag + Abschreibungen − Zuschreibungen + Erhöhung langfristige Rückstellungen − Minderung langfristige Rückstellungen

Free Cash Flow = Cash Flow aus operativer Geschäftstätigkeit + Zinsaufwendungen − Cashflow aus Investitionen

$$\text{Eigenkapitalquote} = \frac{\text{Eigenkapital}}{\text{Gesamtkapital}} \cdot 100$$

$$\text{Dynamischer Verschuldungsgrad} = \frac{\text{Nettoverschuldung}}{\text{Cashflow}}$$

BWL-Formeln für Dummies – Schummelseite

Personalführung

$$\text{Personalaufwandsquote} = \frac{\text{Personalaufwand}}{\text{Gesamtleistung}} \cdot 100$$

$$\text{Durchschnittl. Personalkosten je Stunde} = \frac{\text{Gesamtaufwendungen für Personal}}{\text{Anzahl der geleisteten Arbeitsstunden}}$$

$$\text{Fluktuationsquote} = \frac{\text{Anzahl der Personalabgänge}}{\text{durchschnittliche Anzahl der Beschäftigten}} \cdot 100$$

Wertorientierte Unternehmensführung

EBIT = Jahresüberschuss/Jahresfehlbetrag +/− außerordentliche Aufwendungen/Erträge +/− Steueraufwand/Steuererträge +/− Zinsaufwand/Zinserträge

EBITDA = EBIT +/− Abschreibungen/Zuschreibungen auf das Anlagevermögen

NOPAT = EBIT − Steuern

Übergewinn = EVA = Betriebsergebnis nach Steuern − Kapitalkosten

= NOPAT − WACC · eingesetztes Kapital

$$\text{ROCE} = \frac{\text{NOPAT}}{\text{eingesetztes Kapital}} \cdot 100$$

$$\text{Cash Flow Return On Investment} = \frac{\text{Free Cash Flow}}{\text{Bruttoinvestitionsbasis}} \cdot 100$$

Marktkapitalisierung = Aktienkurs · Anzahl der ausgegebenen Aktien

BWL-Formeln für Dummies

Tobias Amely

BWL-Formeln für Dummies

WILEY-VCH Verlag GmbH & Co. KGaA

Bibliografische Information der Deutschen Nationalbibliothek
Die Deutsche Nationalbibliothek verzeichnet diese Publikation in der Deutschen Nationalbibliografie; detaillierte bibliografische Daten sind im Internet über http://dnb.d-nb.de abrufbar.

1. Auflage 2012

2. Nachdruck 2015

© 2012 WILEY-VCH Verlag GmbH & Co. KGaA, Weinheim

Wiley, the Wiley logo, Für Dummies, the Dummies Man logo, and related trademarks and trade dress are trademarks or registered trademarks of John Wiley & Sons, Inc. and/or its affiliates, in the United States and other countries. Used by permission.

Wiley, die Bezeichnung »Für Dummies«, das Dummies-Mann-Logo und darauf bezogene Gestaltungen sind Marken oder eingetragene Marken von John Wiley & Sons, Inc., USA, Deutschland und in anderen Ländern.

Das vorliegende Werk wurde sorgfältig erarbeitet. Dennoch übernehmen Autoren und Verlag für die Richtigkeit von Angaben, Hinweisen und Ratschlägen sowie eventuelle Druckfehler keine Haftung.

Coverfoto: © Jeanette Dietl-Fotolia.com
Korrektur: Frauke Wilkens, München
Satz: Beltz Bad Langensalza GmbH, Bad Langensalza
Druck und Bindung CPI – Ebner & Spiegel, Ulm

ISBN: 978-3-527-70643-3

Über den Autor

Tobias Amely studierte Betriebswirtschaftslehre in Münster. Dort promovierte er als wissenschaftlicher Mitarbeiter am Lehrstuhl für Finanzierung. Berufserfahrung sammelte er bei der Westdeutschen Landesbank und als Abteilungsdirektor beim Deutschen Sparkassen- und Giroverband in Bonn. Seit 1998 ist er Professor für Betriebswirtschaftslehre, insbesondere Rechnungswesen und Finanzwirtschaft an der Hochschule Bonn-Rhein-Sieg. Als Dozent ist er außerhalb der Hochschule seit vielen Jahren in Unternehmen und Akademien im Bereich der wissenschaftlichen Aus- und Weiterbildung von (Nachwuchs-)Führungskräften tätig. Neben traditionellen Lehrgesprächen vermittelt er unternehmerisches Denken und Handeln nach dem Motto »Learning Business by doing Business« mittels Durchführung von Unternehmensplanspielen. Er ist Autor mehrerer Bücher, Studienbriefe, Lexika und Aufsätze zu verschiedensten Themen der Betriebswirtschaftslehre. Den Lesern der ... *für Dummies*-Reihe ist er durch den Bestseller *BWL für Dummies* bekannt.

Inhaltsverzeichnis

Einführung 21
Über dieses Buch 21
Konventionen in diesem Buch 22
Törichte Annahmen über den Leser 22
Wie dieses Buch aufgebaut ist 23
    Teil I: Formeln zur Steuerung von Produktion,
    Beschaffung und Absatz 23
    Teil II: Formeln zur Investitionsrechnung und Finanzierung 23
    Teil III: Formeln für das Rechnungswesen 24
    Teil IV: Formeln zur Unternehmensführung 24
    Teil V: Der Top-Ten-Teil 25
Symbole, die in diesem Buch verwendet werden 25
Wie es weitergeht 25

Teil I
Formeln zur Steuerung von Produktion, Beschaffung und Absatz 27

Kapitel 1
Grundlegende BWL-Formeln 29
Ökonomisches Prinzip 29
Produktivität 30
Wirtschaftlichkeit 31
Rentabilität 32

Kapitel 2
Materialwirtschaft: Den Materialfluss optimieren 35
Die Materialanalyse 35
    Wer A sagt, muss auch B und C sagen: Die ABC-Analyse 36
    XYZ-Analyse 37
    Kombination aus ABC- und XYZ-Analyse 37
Materialbedarfsbestimmung/Ermittlung der Beschaffungsmenge 38
Optimale Bestellmenge und andlersche Formel 39
Lagerbestandsüberwachung 41
    Lieferbereitschaftsgrad 41

Lagerumschlagshäufigkeit 41
Durchschnittliche Lagerdauer 42
Lagerbestand in % des Umsatzes 42

Kapitel 3
Produktion: Wirtschaftlich herstellen 43

Optimale Losgröße 43
Break-even-Point/Gewinnschwelle 44
Produktionsprogrammplanung 46
Kennzahlen zur Produktionsprozesssteuerung 47

Kapitel 4
Marketing: Den Absatz steuern 49

Markt- und Vertriebskennzahlen 49
Preis-Absatz-Funktion 50
Gewinnfunktion 52
Preiselastizitäten 53
Preiskalkulation in Industrie und Handel 54
    Preiskalkulation in der Industrie 54
    Preiskalkulation im Handel 55

Teil II
Formeln zur Investitionsrechnung und Finanzierung 57

Kapitel 5
Investitionsrechnung: Die richtigen Investitionsprojekte bestimmen 59

Statische Investitionsrechnung 60
    Kostenvergleichsrechnung 60
    Gewinnvergleichsrechnung 62
    Rentabilitätsrechnung 63
    Amortisationsrechnung 64
Finanzmathematische Grundlagen 65
    Einen Barwert berechnen 65
    Einen Zahlungsstrom bewerten 66
Dynamische Methoden der Investitionsrechnung 67
    Kapitalwertmethode 68
    Annuitätenmethode 71

Interner Zinsfuß	72
Vollständiger Finanzplan (VoFi)	73
Nutzwertanalyse	77

Kapitel 6
Finanzierung: Die Kapitalkosten minimieren — 81

Kapitalbedarf und Kapitalumschlag	81
Effektivzinsbestimmung	85
Lieferantenkredit	86
Gesamtkapitalkosten	86
Leverage-Effekt	88
Aktienbewertung	91
Gewinn pro Aktie	91
Dividendenrendite	91
Kurs-Gewinn-Verhältnis (KGV)	92

Teil III
Formeln für das Rechnungswesen — 95

Kapitel 7
Jahresabschlussanalyse: Investoren und Banken mit guten Kennzahlen erfreuen — 97

Der Geschäftsbericht und seine Bestandteile	97
Vermögensstrukturanalyse	101
Anlageintensität und Umlaufintensität	101
Investitionsquote	102
Finanzierungsregeln	103
Goldene Finanzierungsregel	103
Goldene Bilanzregel	104
Liquiditätsgrade	105
Liquidität 1. Grades	105
Liquidität 2. Grades	105
Liquidität 3. Grades	106
Working Capital	107
Umschlagshäufigkeit der Vorräte	108
Debitorenumschlag	108
Debitorenziel	109
Kreditorenziel	109
Working Capital Management	110

Cashflow 110
    Direkte Ermittlung des Cashflows 110
    Indirekte Ermittlung des Cashflows 110
    Kapitalflussrechnung 111
    Free Cash Flow 113
    Dynamischer Verschuldungsgrad 114
    Cashflow-Marge 114
    Cashflow-Investitionsverhältnis 114
Kapitalstruktur 115
    Eigenkapitalquote 115
    Fremdkapitalquote 117
    Verschuldungsgrad 117
    Fremdkapitalstruktur 118
Rentabilitätskennzahlen 118
    Eigenkapitalrentabilität 119
    Gesamtkapitalrentabilität 120
    Umsatzrentabilität 120
    Gesamtkapitalumschlag 121
Kennzahlensysteme 122
    Du-Pont-Kennzahlensystem (ROI-Schema) 122
    ZVEI-System, ROE-Schema und Kennzahlen-Cockpits ... 123

Kapitel 8
Kostenrechnung und Controlling: Auf Kostenbasis richtig entscheiden 125

    Kostenbegriffe 125
        Kostenberechnungen als Entscheidungsbasis 129
    Kostenverläufe 130
        Proportional steigende Kosten 130
        Degressiv steigende Kosten 131
        Progressiv steigende Kosten 131
        Fixe Kosten 132
        Sprungfixe Kosten 133
        Aufbau der Kostenrechnung 134
    Erfassung der Materialkosten 134
        Ermittlung des Materialverbrauchs 135
        Bewertung des Materialverbrauchs 136
    Kalkulatorische Kosten 138
        Kalkulatorische Abschreibungen 139
        Kalkulatorische Zinsen 140

Kalkulatorische Wagnisse 142
Kalkulatorischer Unternehmerlohn 142
Kalkulatorische Miete 142
Kalkulation der Stückkosten 143
   Einstufige Divisionskalkulation 143
   Zwei- oder mehrstufige Divisionskalkulation 144
   Äquivalenzziffernkalkulation 144
   Zuschlagskalkulation 145
   Kuppelkalkulation 147
   Kalkulationsverfahren im Überblick 148
Deckungsbeitragsrechnung 148
   Einstufige Deckungsbeitragsrechnung 149
   Mehrstufige Deckungsbeitragsrechnung 150
Plankostenrechnung 152
   Starre Plankostenrechnung auf Vollkostenbasis 152
   Flexible Plankostenrechnung auf Teilkostenbasis
   (Grenzplankostenrechnung) 154

Teil IV
Formeln zur Unternehmensführung   157

Kapitel 9
Personalführung: Kennzahlen zur Personaloptimierung   159

Personalbedarfsplanung 160
Personalbeschaffung 161
   Ausbildungsplatzattraktivität 162
   Vorstellungsquote 162
   Einstellungsquote 162
   Effizienz der Personalbeschaffung 162
   Grad der Personaldeckung 162
   Produktivität der Personalbeschaffung 163
   Personalbeschaffungskosten pro Einstellung 163
   Frühfluktuationsrate 163
Lohnformen 163
   Zeitlohn 164
   Leistungslohn 165
Personalcontrolling 167
   Personalintensität 167
   Umsatz und Cashflow pro Mitarbeiter 167
   Personalkosten je Mitarbeiter 167

Personalkosten pro Stunde	168
Überstundenquote	168
Fluktuationsquote	168
Fehlzeitenquote	168
Durchschnittsalter	169
Betriebszugehörigkeit	169
Behindertenanteil	169
Frauenanteil	169
Ausbildungsquote	170
Übernahmequote	170
Qualifikationsstruktur	170
Weiterbildungszeit pro Mitarbeiter	170
Weiterbildungskosten pro Mitarbeiter	170

Kapitel 10
Wertorientierte Unternehmensführung: Wird der Unternehmenswert erhöht? 171

EBIT, EBITDA und NOPAT	171
EBIT	171
EBIT-Marge	172
EBITDA	172
NOPAT	176
Einen Übergewinn oder eine Überrendite erzielen	176
Economic Value Added (EVA)	177
Return on Capital Employed (ROCE)	178
Cash Flow Return on Investment (CFROI)	179
Marktkapitalisierung	181
Discounted Cash Flow	183
Bruttoverfahren	184
Nettoverfahren	185
Market Value Added (MVA)	186
Wertorientiertes Portfoliomanagement	187
Balanced Scorecard	189

Teil V
Der Top-Ten-Teil 193

Kapitel 11
Zehn Tipps und Tricks 195

Fünf Tipps für den Formeldschungel 195
   Eine Kennzahl aufbauen 195
   Die zum Verwendungszweck einer Kennzahl
   passenden Daten verwenden 197
   Kennzahlenvergleiche durchführen 198
   Kennzahlen und Formeln berechnen 199
   Vorsicht bei der Interpretation 200
Fünf Tricks im Formeldschungel 200
   Kennzahlen durch Bilanzpolitik verbessern 200
   Window Dressing 202
   Hin und Her: Wertpapierpensionsgeschäfte 202
   Die Eigenkapitalrentabilität verbessern 203
   Grenzen der Kennzahlen- und Formelanalyse 204

Kapitel 12
Zehn Top-Kennzahlen und Formeln, die Sie kennen sollten 207

Den »Gewinn« ermitteln 207
Der Break-even-Point: Ab wann das Unternehmen
einen Gewinn erzielt 209
Den Übergewinn ermitteln: EVA 209
Der operative Liquiditätsüberschuss: Cashflow 210
   Direkte Ermittlung des Cashflows 210
   Indirekte Ermittlung des Cashflows 210
Working Capital als weitere Liquiditätsgröße 211
Die Selbstkosten als langfristige Preisuntergrenze 212
Der Kapitalwert: Wann lohnt sich eine Investition? 213
Die Eigenkapitalquote: Wie stabil ist das Unternehmen? 214
Marktkapitalisierung: Wie viel ist das Eigenkapital
eines Unternehmens am Markt wert? 215
Umsatzrentabilität: Wie viel Gewinn pro Euro Umsatz? 216

Einführung

Ein altes Sprichwort besagt: »In der Kürze liegt die Würze!« Das gilt nicht nur für Formeln und Kennzahlen, die schwierige Zusammenhänge mit einer Zahl zum Ausdruck bringen, sondern das gilt auch für dieses Buch.

Auf den folgenden Seiten erwartet Sie ein verständlicher Überblick über die wichtigsten praxisorientierten betriebswirtschaftlichen Formeln und Kennzahlen. Auf unnötiges Fachchinesisch und mathematische Feinheiten verzichte ich bewusst, um Ihnen einleuchtende und anschauliche Einblicke in die Welt der BWL-Formeln zu ermöglichen. Und zwar in aller Kürze!

Ich hoffe, dass Ihnen dieses Konzept zusagt, und wünsche Ihnen viel Spaß beim Lesen, Nachrechnen und Verstehen.

Über dieses Buch

Beim Stöbern in einer Buchhandlung oder auf der Suche nach einem Buch, das Sie in die Geheimnisse der betriebswirtschaftlichen Formelwelt einweiht, werden Sie sich sicherlich fragen beziehungsweise gefragt haben, warum Sie dieses Buch und nicht eine der anderen Formelsammlungen, die es auch zum Thema gibt, lesen sollten. Die meisten Bücher mit betriebswirtschaftlichen Formelsammlungen sind leider so knapp gehalten, dass sie inhaltlich nicht viel erklären und die Interpretation der Formelergebnisse und Kennzahlen schwerfällt.

Wollen Sie jedoch ein Buch haben, das Sie unkompliziert und verständlich, aber dennoch kompakt, kompetent und umfassend über die wesentlichen Formeln und Kennzahlen der Betriebswirtschaftslehre informiert und das Ihnen auch noch mit vielen praktischen Beispielen und Tipps dabei hilft, die Formeln direkt anzuwenden beziehungsweise deren Hintergrund zu verstehen, dann ist dies das richtige Buch für Sie. Es bietet Ihnen einen leichten und schnellen Einstieg und Überblick, kann Ihnen aber auch als Nachschlagewerk dienen. Dabei hilft auch das umfassende Sach- und Stichwortverzeichnis am Ende des Buches. Die einzelnen Kapitel können Sie unabhängig voneinander lesen. Und wenn Sie noch mehr zu den Hintergründen aus den einzelnen Bereichen der BWL wissen möchten, bildet mein Buch *BWL für Dummies* die optimale Ergänzung zu dieser Formelsammlung.

Die Arbeit an diesem Buch hat mir viel Freude gemacht, da ich meine Erfahrung aus der beruflichen Praxis, aber auch aus der langjährigen Ausbildung und Lehre in dieses Buch mit einbringen konnte. Neueste wissenschaftlich-akademische und theoretische Diskussionen um die Kennzahlen und Formeln bleiben Ihnen aber erspart. Auch die Verwendung komplizierter mathematischer und statistischer Formeln werden Sie in diesem Buch vergeblich suchen. Ich will mit dieser Formelsammlung ja keinen Nobelpreis gewinnen, sondern Sie systematisch und verständlich mit den Formeln der Betriebswirtschaftslehre vertraut machen.

Konventionen in diesem Buch

Die zentralen Themen und Inhalte jedes Kapitels fasse ich für Sie zu Beginn einmal kurz und knapp zusammen, damit Sie gleich wissen, was Sie im jeweiligen Kapitel erwartet. Wichtige Fachbegriffe sind durch *kursiven* Text markiert und praktische Tipps und Hinweise sind durch gesonderte Symbole gekennzeichnet. Das Lesen und Verstehen wird Ihnen also so einfach wie möglich gemacht!

Törichte Annahmen über den Leser

Besonders töricht wäre es, von den Lesern dieser Formelsammlung anzunehmen, sie seien ungebildet und könnten kaum bis drei zählen. Ganz im Gegenteil bin ich der Meinung: Die Leser dieses Buches müssen intelligent und clever sein! Es ist doch schlau, wenn man als Einsteiger in ein noch nicht bekanntes Fachgebiet sich nicht durch irgendeinen hoch kompliziert geschriebenen dicken Wälzer der BWL quälen will, nur um ein paar Formeln und Kennzahlen zu verstehen. Rational und clever ist es doch eher, ein Buch zu nehmen, das sich auf die wichtigsten Formeln und Kennzahlen beschränkt und dank der verständlichen Erklärungen auch einen Nichtfachmann schnell zu einem Formelexperten macht.

Betriebswirtschaftliche Formeln und Kennzahlen zu kennen und zu verstehen, ist für viele interessant und deshalb nehme ich an, dass mindestens eine der folgenden Aussagen auf Sie zutrifft:

- ✔ Sie sind Inhaber, Manager oder Führungskraft in einem Unternehmen.

- ✔ Sie befassen sich beruflich mit betriebswirtschaftlichen Analysen.

- ✔ Sie sind Student und studieren BWL selbst oder aber Wirtschaftswissenschaften im Nebenfach.

- ✔ Sie wollen verstehen, was sich hinter all diesen betriebswirtschaftlichen Kennzahlen verbirgt. Sei es, um in den aktuellen Wirtschaftsnachrichten Begriffe wie Eigenkapital- und Umsatzrentabilität oder Cashflow besser einordnen zu können, oder um im Bewerbungsgespräch die Kennzahlen des Unternehmens interpretieren zu können.

Einführung

Sie möchten kompetent mitreden können, wenn es um Formeln und Kennzahlen der BWL geht? Mithilfe dieses Buches können Sie es ganz bestimmt!

Sie müssen kein Mathematiker sein, um dieses Buch lesen zu können. Natürlich muss man die vier Grundrechenarten beherrschen, um die Formeln berechnen zu können. Das gehört aber auch zum Selbstverständnis jeden Kaufmanns oder kaufmännisch Interessierten.

Wie dieses Buch aufgebaut ist

Auch wenn Sie jedes Kapitel ohne Vorkenntnisse der vorherigen Abschnitte lesen und verstehen können, habe ich den Stoff dieses Buches für Sie doch so geordnet, dass Sie systematisch durch die wichtigsten Bereiche der BWL geführt werden. Die Formelsammlung ist in fünf Teile gegliedert, die ich Ihnen hier kurz vorstellen möchte.

Teil I: Formeln zur Steuerung von Produktion, Beschaffung und Absatz

In diesem Teil lernen Sie zunächst einige grundlegende BWL-Formeln wie Produktivität, Wirtschaftlichkeit oder Rentabilität kennen. In den nächsten Kapiteln geht es weiter mit den Formeln aus den zentralen betrieblichen Abläufen. Zunächst kommen die Formeln zur Materialwirtschaft an die Reihe. Dann werden die Formeln und Kennzahlen zur Produktion erklärt, und zum Schluss kommt der Absatz zu seinem Recht. Somit werden im ersten Teil alle Formeln und Kennzahlen behandelt, die eine optimale Gestaltung der Güterprozesse ermöglichen sollen.

Teil II: Formeln zur Investitionsrechnung und Finanzierung

Im zweiten Teil werden zuerst die Formeln zur Investitionsrechnung erklärt. Diese sollen Ihnen helfen, die besten Investitionsobjekte ausfindig zu machen. Dazu erfahren Sie zunächst mehr über die einfachen statischen Verfahren und Formeln der Investitionsrechnung, die lediglich auf Durchschnittswerten aufbauen. Damit Sie dann im zweiten Schritt die komplizierten Methoden der dynamischen Investitionsrechnung besser verstehen und auch berechnen können, erkläre ich Ihnen die benötigten finanzmathematischen Grundlagen auf möglichst einfache Weise. Und keine Sorge, das ist einfacher zu verstehen, als man es vielleicht im ersten Moment vermutet!

23

Danach sind einige Formeln zur Finanzierung an der Reihe, die Ihnen bei der kostengünstigen Beschaffung der notwendigen finanziellen Mittel helfen sollen. Und wenn Sie mehr über einfache Formeln zur Aktienbewertung erfahren möchten, sind sie in diesem Kapitel auch richtig.

Teil III: Formeln für das Rechnungswesen

Für die Beurteilung eines Unternehmens spielt die Finanzanalyse eine herausragende Rolle. Dazu bedienen sich die Finanzanalysten des Jahresabschlusses eines Unternehmens und berechnen eine Fülle von Kennzahlen, um die Vermögens-, Ertrags- und Liquiditätslage eines Unternehmens beurteilen zu können. In die komplexe Welt der Jahresabschlussanalyse werden Sie im dritten Teil dieser Formelsammlung umfassend eingeführt. Anhand einer ausführlichen Fallstudie lernen Sie, aus der Bilanz und Gewinn-und-Verlust-Rechnung eines Unternehmens die wichtigsten Kennzahlen zu berechnen und zu interpretieren. Dabei werfen Sie am Rande auch immer wieder einen Blick auf die realen Kennzahlen in der Praxis, um ein Gefühl dafür zu bekommen, wie eine Kennzahl einzuschätzen ist.

Für die interne Steuerung benötigen die Führungskräfte eines Unternehmens eine Menge von Kennzahlen aus der Kostenrechnung und dem Controlling. Die wichtigsten Kennzahlen und Größen zur Kostenermittlung werden hier ebenso erklärt wie auch einige Planungsinstrumente wie die Deckungsbeitragsrechnung und die Plankostenrechnung.

Teil IV: Formeln zur Unternehmensführung

Im vierten Teil lernen Sie die wichtigsten Formeln zur Unternehmensführung kennen. Zunächst werden Ihnen die wichtigsten Kennzahlen zur Personalführung erklärt. Diese sind von großer Bedeutung, denn schließlich sind die Mitarbeiter nicht nur ein wichtiger Kostenfaktor, sondern auch von herausragender Bedeutung für den Unternehmenserfolg.

Dann mache ich Sie mit den Kennzahlen zur wertorientierten Unternehmensführung vertraut. Die meisten Großunternehmen verfolgen das Ziel einer nachhaltigen Erhöhung des Unternehmenswertes. Wertorientierte Kennzahlen wie Economic Value Added, Return on Capital Employed oder Market Value Added dienen zur Beurteilung, ob das Unternehmen auch nachhaltige Wertsteigerungen geschafft hat. Zum Ende des Kapitels lernen Sie mit der Balanced Scorecard ein umfassendes Steuerungsinstrument kennen, das die Möglichkeit bietet, die für ein Unternehmen wichtigsten Kennzahlen aus unterschiedlichen Bereichen zu berücksichtigen.

Teil V: Der Top-Ten-Teil

Der Tradition der ... für Dummies-Bücher folgend möchte ich Sie im Top-Ten-Teil auf einige Fallstricke, in die Sie möglichst nicht geraten sollten, aufmerksam machen, und Ihnen einige Tipps geben. Damit Sie bei betriebswirtschaftlichen Formeln mitreden können, stelle ich Ihnen in diesem Teil auch noch einmal die zehn wichtigsten Formeln und Kennzahlen der BWL vor, die Sie auf jeden Fall kennen sollten.

Symbole, die in diesem Buch verwendet werden

Mit den folgenden Symbolen möchte ich Ihnen gezielt einige nützliche Tipps und Informationen zu den Formeln und Kennzahlen geben:

Hiermit möchte ich Sie auf wichtige oder interessante Aspekte einer Kennzahl oder Formel aufmerksam machen.

Wie im richtigen Leben gibt es auch in der Betriebswirtschaft viele Gelegenheiten, um in ein Fettnäpfchen zu treten. Damit Ihnen das in der Praxis möglichst nicht passiert, habe ich für Sie entsprechende Warnschilder aufgestellt.

Manchmal möchte ich Ihnen auch einfach nur praktische Tipps beim Umgang mit einer Formel oder Kennzahl mit auf den Weg geben.

Wie es weitergeht

Als Autor freue ich mich natürlich, wenn Sie dieses Buch von der ersten bis zur letzten Seite lesen und dabei nichts auslassen. Aber mal ehrlich, wer tut das schon mit einer Formelsammlung?

Springen Sie also einfach in das Thema hinein, das Sie gerade interessiert oder das in Ihrer nächsten Prüfung an der Uni vorkommt. Die Kapitel sind so verfasst, dass Sie dazu keine Vorkenntnisse aus den anderen Kapiteln benötigen. Und im Fall der Fälle helfen die Querverweise.

Viel Spaß und Erfolg beim Lesen, Nachrechnen und Verstehen von Formeln wünscht Ihnen

Tobias Amely

Teil I

Formeln zur Steuerung von Produktion, Beschaffung und Absatz

In diesem Teil ...

Im ersten Teil dieser Formelsammlung erkläre ich Ihnen die wichtigsten Formeln aus den Bereichen Produktion, Beschaffung und Absatz. Unternehmen stellen Güter und Dienstleistungen bereit (Produktion), beschaffen sich die dafür notwendigen Maschinen, Einsatzstoffe, Materialien und Arbeitskräfte (Beschaffung) und verkaufen ihre erstellten Produkte und Waren an ihre Kunden (Absatz). Ich zeige Ihnen hier, mit welchen Formeln in diesen Bereichen in der Praxis gearbeitet wird, um zu überprüfen, ob im Unternehmen auch wirtschaftlich gehandelt wird. Wir beginnen mit einigen grundlegenden Formeln, die für jedes Unternehmen von Bedeutung sind.

Grundlegende BWL-Formeln

In diesem Kapitel ...

▶ Das ökonomische Prinzip verstehen
▶ Die Produktivität berechnen
▶ Die Wirtschaftlichkeit des Unternehmens ermitteln
▶ Rentabilitäten berechnen und interpretieren

---

*U*nternehmen sind notwendig, damit Güter und Dienstleistungen zur Befriedigung menschlicher Bedürfnisse bereitgestellt werden. Da viele Güter wie Energie und Rohstoffe knapp sind, sollten die Unternehmen beim Gütereinsatz möglichst sparsam sein. Daher sollten die Unternehmen die folgenden grundlegenden Prinzipien beachten, um Güter und Dienstleistungen möglichst planvoll und rational bereitzustellen.

Ökonomisches Prinzip

Beim *ökonomischen Prinzip* geht es darum, das Verhältnis aus Produktionseinsatz (eingesetzte Mittel und Ressourcen, auch Produktionsfaktoren oder Input genannt) und Produktionsergebnis (erstellte Güter und Dienstleistungen, auch Ertrag oder Output genannt) zu optimieren.

Zur Konkretisierung des ökonomischen Prinzips können Sie drei Unterprinzipien oder Formeln anwenden:

- ✔ **Maximumprinzip:** Versuchen Sie, mit gegebenen Mitteln (das heißt mit feststehendem Input) das größtmögliche Ergebnis (das heißt den maximal möglichen Output) zu erzielen.

  Beispiel: Der Transportunternehmer Hans Pfiffig versucht, bei gegebenem Fuhrpark und Mitarbeitern (= Input) möglichst viele Aufträge (= Output) zu bekommen und abzuarbeiten.

- ✔ **Minimumprinzip:** Versuchen Sie, ein vorgegebenes Ergebnis (das heißt einen bestimmten Output) mit möglichst geringen Mitteln (das heißt mit minimalem Input) zu erzielen.

Beispiel: Der Transportunternehmer Hans Pfiffig bemüht sich, eine vorgegebene Menge an Aufträgen mit dem geringstmöglichen Ressourceneinsatz im Fuhrpark und bei den Mitarbeitern zu erfüllen.

✔ **Optimumprinzip:** Versuchen Sie, ein möglichst günstiges Verhältnis zwischen Mitteleinsatz (Input) und Ergebnis (Output) zu erzielen.

Beispiel: Unser Transportunternehmer strebt an, das Verhältnis zwischen Mitteleinsatz (Fuhrpark und Mitarbeiter) und Ergebnis (Aufträge) so zu optimieren, dass die Differenz zwischen den Erträgen aus den Aufträgen und den Aufwendungen für den Fuhrpark und die Mitarbeiter möglichst groß ist. Mit anderen Worten: Hans Pfiffig versucht, seinen Gewinn zu maximieren!

Das ökonomische Prinzip zielt darauf ab, dass ein Unternehmen seine Güter und Dienstleistungen möglichst kostengünstig erstellt und dadurch der Gewinn des Unternehmens möglichst maximiert wird.

Das ökonomische Prinzip ist eher allgemein gehalten. In der Unternehmenspraxis wird es durch die Produktivitätsformel und das Prinzip der Wirtschaftlichkeit konkretisiert.

Produktivität

Als Unternehmer interessiert Sie natürlich, wie produktiv Ihr Unternehmen ist.

Bei der Produktivität führen Sie eine reine Mengenbetrachtung durch. Sie setzen den mengenmäßigen Produktionseinsatz (Input) und das mengenmäßige Produktionsergebnis (Output) zueinander ins Verhältnis.

$$\text{Produktivität} = \frac{\text{Outputmenge}}{\text{Inputmenge}}$$

Nehmen Sie folgendes Beispiel: Unser Transportunternehmer Hans Pfiffig möchte wissen, wie hoch der Benzinverbrauch eines Lkw ist. Dazu ermittelt er, wie hoch der Benzinverbrauch des Lkw im letzten Monat war (Input) und wie viele Kilometer der Lkw in diesem Zeitraum (Output) gefahren ist. In diesem Fall wird die Produktivität sinnvollerweise nach der umgekehrten Formel

$$\text{Produktivität} = \frac{\text{Inputmenge}}{\text{Outputmenge}}$$

ermittelt.

1 ➤ Grundlegende BWL-Formeln

In unserem Beispiel braucht der Lkw von Herrn Pfiffig 12 Liter pro Kilometer:

$$\text{Produktivität} = \frac{1140 \text{ Liter}}{9.500 \text{ km}} = 0{,}12 \frac{\text{Liter}}{\text{km}} = 12 \frac{\text{Liter}}{100 \text{ km}}$$

 Mithilfe der Produktivität können Sie den Einsatzverbrauch oder die Leistungsfähigkeit eines Mitarbeiters (Arbeitsleistung in Stück/Arbeitsstunden) zum Ausdruck bringen. Die Produktivitätskennziffer verliert aber an Aussagekraft, wenn der Input sich aus unterschiedlichen, nicht vergleichbaren Einsatzfaktoren wie Arbeitsstunden, Materialverbrauchsmengen oder Maschinenstunden zusammensetzt. Daher sollten Sie die Produktivität nur für einzelne Einsatzfaktoren ermitteln.

Das Problem können Sie allerdings lösen, wenn Sie nicht die Einsatzmenge der Einsatzfaktoren zugrunde legen, sondern die Einsatzstoffe mit Geld bewerten. Dies erfolgt beim *Wirtschaftlichkeitsprinzip*.

Wirtschaftlichkeit

Bei der Wirtschaftlichkeit setzen Sie den wertmäßigen Output (= Ertrag) und den wertmäßigen Input (= Aufwand) zueinander in Beziehung. *Wertmäßig* bedeutet, dass Sie die Mengen mit Preisen bewerten.

Ertrag und Aufwand können Sie wie folgt ermitteln:

Outputmenge · Güterpreis = Ertrag

Inputmenge · Faktorpreis = Aufwand

$$\text{Wirtschaftlichkeit} = \frac{\text{wertmäßiger Output}}{\text{wertmäßiger Input}} = \frac{\text{Ertrag}}{\text{Aufwand}}$$

In unserem Beispiel möchte der Transportunternehmer Hans Pfiffig wissen, wie wirtschaftlich seine Speditionsaufträge sind. Mithilfe der Buchhaltung und Kostenrechnung (siehe Kapitel 8) ermittelt er, wie hoch die Erträge und die gesamten Aufwendungen der einzelnen Aufträge sind. Um Gewinne erzielen zu können, sollte möglichst bei jedem Auftrag der Ertrag größer als der Aufwand sein. Das bedeutet, dass die Wirtschaftlichkeitskennziffer möglichst einen Wert > 1 aufweisen sollte.

Für einen Auftrag ermittelt der Transportunternehmer die folgenden angenommenen Erträge und Aufwendungen:

$$\text{Wirtschaftlichkeit} = \frac{\text{Ertrag}}{\text{Aufwand}} = \frac{21.720 \text{ Euro}}{18.982 \text{ Euro}} = 1{,}14$$

Da der Auftrag eine Wirtschaftlichkeitskennziffer von > 1 hat, liefert er einen positiven Beitrag zum Unternehmensgewinn. Wäre die Kennziffer aber < 1, sollte unser Transportunternehmer den Auftrag besser ablehnen. Oder er sollte versuchen, den Aufwand zu senken (zum Beispiel durch Senkung der Arbeitslöhne und der Fuhrparkkosten) oder den Ertrag durch eine Preiserhöhung zu steigern.

Rentabilität

In einer Marktwirtschaft versuchen die meisten privaten Unternehmen, einen Gewinn zu erzielen. Wenn das Management und die Gesellschafter eines Unternehmens wissen möchten, wie gut oder schlecht ein Gewinn einzuschätzen ist, reicht der Gewinn als absolute Erfolgsgröße meist nicht aus. Besser ist es, den Gewinn in Relation zur Kapitalbasis zu setzen, um so eine relative Kennzahl zu bilden, mit deren Hilfe sich die Erfolgslage des Unternehmens über die letzten Jahre (Zeitvergleich) und im Vergleich zu anderen Unternehmen (Unternehmensvergleich) besser einschätzen lässt. Die mit dem Gewinn im Zähler eines Quotienten gebildeten Kennzahlen werden *Rentabilitätskennzahlen* genannt.

Die Rentabilitätskennzahlen gehören zu den *relativen Kennzahlen*. Im Gegensatz zu *absoluten Kennzahlen*, wie beispielsweise dem Gewinn in Euro, werden bei relativen Kennzahlen zwei Größen zueinander in Relation gesetzt. Dadurch wird die Aussagekraft und Vergleichbarkeit von Kennziffern erhöht.

Die beiden in der Praxis am häufigsten verwendeten Rentabilitätsformeln sind die *Eigenkapitalrentabilität* und die *Umsatzrentabilität*.

✔ **Eigenkapitalrentabilität:** Dies ist eine wichtige Kennzahl für die Anteilseigner des Unternehmens, weil sie die Verzinsung des investierten Kapitals angibt.

$$\text{Eigenkapitalrentabilität} = \frac{\text{Gewinn}}{\text{Eigenkapital}} \cdot 100$$

✔ **Umsatzrentabilität:** Sie drückt als Prozentgröße aus, wie viel Gewinn von einem Euro Umsatz übrig bleibt. Eine Umsatzrentabilität von 3 % bedeutet also, dass dem Unternehmen von 1 Euro Umsatz gerade 3 Cent als Gewinn verbleiben.

$$\text{Umsatzrentabilität} = \frac{\text{Gewinn}}{\text{Umsatz}} \cdot 100$$

1 ➤ Grundlegende BWL-Formeln

 Bei der Berechnung der Eigenkapitalrentabilität verwenden Sie den Gewinn, weil er den Gesellschaftern des Unternehmens für die Bereitstellung des Eigenkapitals zusteht. Wenn Sie sich nun fragen, wo Sie die einzelnen Zahlen herbekommen, kommen hier einige Tipps für Sie:

✔ **Gewinn:** Als Gewinn können Sie den Jahresüberschuss vor Steuern aus der Gewinn-und-Verlust-Rechnung des Unternehmens heranziehen.

✔ **Eigenkapital:** Das Eigenkapital entnehmen Sie der Passivseite der Bilanz.

✔ **Umsatz:** Auch der Umsatz steht in der Gewinn-und-Verlust-Rechnung.

Sowohl die Eigenkapitalrentabilität als auch die Umsatzrentabilität multiplizieren Sie mit 100, weil die Ergebnisse Prozentgrößen sind.

Anstelle von Eigenkapitalrentabilität und Umsatzrentabilität wird in der Praxis auch oft von *Eigenkapitalrendite* und *Umsatzrendite* gesprochen.

Nehmen Sie an, der europaweit tätige Kopiergerätehersteller Canox AG hat einen Gewinn von 95 Mio. Euro erzielt, 10 % mehr als im Vorjahr. Aber ist das Unternehmen damit profitabel? Zur Beantwortung dieser Frage benötigen Sie zunächst einige Angaben:

✔ Jahresüberschuss vor Steuern der Canox AG 2011: 95 Mio. Euro

✔ Eigenkapital am 31.12.2011 laut Bilanz: 431 Mio. Euro

✔ Umsatz: 1.820 Mio. Euro

Wie errechnen Sie nun die Eigenkapital- und Umsatzrentabilität? Ganz einfach:

$$\text{Eigenkapitalrentabilität} = \frac{\text{Gewinn}}{\text{Eigenkapital}} \cdot 100 = \frac{95 \text{ Mio. Euro}}{431 \text{ Mio. Euro}} \cdot 100 = 22{,}04\,\%$$

$$\text{Umsatzrentabilität} = \frac{\text{Gewinn}}{\text{Umsatz}} \cdot 100 = \frac{95 \text{ Mio. Euro}}{1.820 \text{ Mio. Euro}} \cdot 100 = 5{,}22\,\%$$

Die Rentabilität des Unternehmens haben Sie jetzt zwar ermittelt, zur Interpretation sollten Sie nun aber Vergleichskennzahlen aus früheren Jahren und von Unternehmen der gleichen Branche heranziehen.

Laut Bundesbankstatistik liegen die Eigenkapitalrentabilität der deutschen Unternehmen im langfristigen Durchschnitt bei über 20 % und die Umsatzrendite bei durchschnittlich zwischen 3 % und 5 %. Beachten Sie dabei aber, dass es größenklassenbedingt und branchenabhängig sehr starke Abweichungen von diesen Durchschnittswerten gibt.

Die Eigenkapital- und Umsatzrentabilität der Canox AG sind also ganz passabel.

Materialwirtschaft: Den Materialfluss optimieren

In diesem Kapitel ...

- Analysen von ABC bis XYZ und Kombinationen daraus
- Den Materialbedarf bestimmen
- Die optimale Bestellmenge ermitteln

Die Materialwirtschaft hat die Aufgabe, die für die Produktion erforderlichen Materialien (Roh-, Hilfs- und Betriebsstoffe, Ersatz- und Zulieferteile, Halbfabrikate und Ersatzteile) und Dienstleistungen zu beschaffen und bereitzustellen. Aufgrund der zunehmenden Verbreitung des Fremdbezugs (Outsourcing) von Materialien und Dienstleistungen gewinnt die Materialwirtschaft weiter an Bedeutung für die Erfolgssituation der Unternehmen. In einigen (insbesondere in den produzierenden) Branchen machen die Materialkosten bereits über 50 % der Gesamtkosten aus. Daher möchte ich Ihnen in diesem Kapitel einige Instrumente und Methoden zeigen, mit deren Hilfe Sie bei der Beschaffung der Materialen Kosten einsparen können.

 Mehr zur Materialwirtschaft können Sie im zweiten Kapitel von *BWL für Dummies* erfahren.

Die Materialanalyse

Die Materialanalyse dient der Vorbereitung zur Anschaffung des benötigten Materials. Zwei universell einsetzbare Analyseverfahren sind:

✔ die ABC-Analyse
✔ die XYZ-Analyse

Wer A sagt, muss auch B und C sagen: Die ABC-Analyse

Für jeden Betriebswirt ist es wichtig, das Wichtige von weniger Wichtigem zu trennen. Die ABC-Analyse ist ein Instrument, mit dessen Hilfe die wirklich wichtigen Materialarten identifiziert werden können.

Oft machen bestimmte Materialarten zwar mengenmäßig einen Großteil der Beschaffung aus, sind aber bei wertmäßiger Betrachtung (Anteil am Gesamtbeschaffungswert) eher unwichtig (*C-Materialien*). Umgekehrt gibt es Materialen, von denen zwar nur wenig bestellt wird, die aber einen großen Anteil am Gesamtwert der verbrauchten Güter haben (*A-Materialien*). Bei *B-Materialien* ist die Mengen-Wert-Relation eher ausgeglichen.

Bei der Durchführung der ABC-Analyse bringen Sie die Materialien sowohl nach ihrem mengenmäßigen Anteil am Gesamtverbrauch als auch nach ihrem wertmäßigen Anteil (Verbrauchsmenge multipliziert mit dem Einstandspreis) am Gesamtverbrauchswert in eine absteigende Rangfolge, wobei deren prozentuale Anteile am Gesamtverbrauch beziehungsweise Gesamtverbrauchswert als Grundlage dienen. Die Klassifizierung der Materialien in die Kategorien A, B und C können Sie nach dem Muster in Tabelle 2.1 durchführen, wobei Sie die Materialien einer Kategorie auf zusammengefasster (kumulierter) Basis erfassen:

Materialart	Wertanteil in %	Mengenanteil in %
A-Materialien	circa 80 %	circa 10 %
B-Materialien	circa 15 %	circa 20 %
C-Materialien	circa 5 %	circa 70 %

Tabelle 2.1: ABC-Analyse

 Da die Materialien der A-Kategorie besonders teuer sind, ist es lohnend, für sie besondere Kosten- und Preisanalysen durchzuführen, um die Materialkosten möglichst niedrig zu halten. Oft ist es gerade für A-Materialien sinnvoll, die Bestellintervalle möglichst kurz zu halten, um die Lagerbestände und damit die Lagerkosten zu minimieren.

Bei C-Materialien dagegen bieten sich einfachere Bestellvorgänge mit längeren Bestellintervallen und größeren Bestellmengen an, um die Transport- und Bestellkosten möglichst gering zu halten. Bei Materialien der B-Kategorie kann oft die wirtschaftlichste Lösung nur im Einzelfall bestimmt werden.

XYZ-Analyse

Auch bei der XYZ-Analyse werden die Materialien in drei Kategorien eingeteilt. Während Sie bei der ABC-Analyse die Einteilung nach dem wertmäßigen Verbrauch der Materialien vornehmen, unterteilen Sie bei der XYZ-Analyse die Materialien nach der Regelmäßigkeit des Bedarfsanfalls.

✔ *X-Materialien* haben einen regelmäßigen, schwankungslosen Bedarf, der sich gut prognostizieren lässt.

✔ *Y-Materialien* unterliegen hinsichtlich ihres Bedarfs regelmäßigen Schwankungen, beispielsweise aufgrund saisonaler Einflüsse. Sie haben daher eine mittlere Prognosegenauigkeit.

✔ *Z-Materialien* werden nur unregelmäßig benötigt; daher kann der Bedarf kaum genau prognostiziert werden.

Die XYZ-Analyse dient dazu, die wirtschaftlichste Beschaffungsart zu bestimmen.

✔ X-Materialien sollten aufgrund ihrer hohen Prognosegenauigkeit möglichst fertigungsnah (just in time) beschafft werden.

✔ Für Y-Materialien bietet sich eine Vorratsbeschaffung an, da diese Güter immer mal wieder benötigt werden.

✔ Z-Materialien hingegen sollten aufgrund der schlechten Vorhersagbarkeit ihres Bedarfes nur fallweise beschafft werden.

Kombination aus ABC- und XYZ-Analyse

Ein besonderes wirtschaftliches Vorgehen bei der Beschaffungs- und Lagerplanung ermöglicht die Kombination aus der ABC-Analyse und der XYZ-Analyse, wie Sie sie in Tabelle 2.2 sehen.

Prognosegenauigkeit	Verbrauchswert		
	A: hoch	B: mittel	C: niedrig
X: hoch	AX	BX	CX
Y: mittel	AY	BY	CY
Z: niedrig	AZ	BZ	CZ

Tabelle 2.2: Kombination von ABC- und XYZ-Analyse

Die Beschaffung der A-Materialen sollten Sie besonders sorgfältig durchführen, da diese Materialien besonders kostenintensiv sind. Die Beschaffung der AX-Materialien sollte möglichst fertigungsnah erfolgen, da ihr Bedarf gut vorhergesagt werden kann. Die AZ-Materialien sind zwar hochwertig, sodass eine sorgfältige Auswahl des Lieferanten naheliegt, werden aber nur unregelmäßig benötigt, sodass Sie sie fallweise nach Bedarf bestellensollten. Auch die Beschaffung der AY- und BX-Materialien sollten Sie besonders sorgfältig planen, um möglichst alle Kosteneinsparungspotenziale zu nutzen.

Materialbedarfsbestimmung/ Ermittlung der Beschaffungsmenge

Bei der Bestimmung des Materialbedarfs müssen Sie eine Vielzahl von Faktoren berücksichtigen. Ich stelle Ihnen nun ein einfaches und praktikables Schema für die Ermittlung der Beschaffungsmenge vor, das in der Praxis aber für viele Betriebe ausreichend sein dürfte.

Bruttobedarf (= Sekundärbedarf + Zusatzbedarf)

− Lagerbestand

− Bestellbestand

+ Vormerkbestand

− Werkstattbestand

―――――――――――――――

= Beschaffungsmenge (= Nettobedarf)

Folgende Bedarfsfaktoren müssen Sie dabei berücksichtigen:

- ✔ **Bruttobedarf:** Materialbedarf, der sich aus dem Fertigungsprogramm ergibt. Aufgrund der geplanten Menge an Fertigerzeugnissen (*Primärbedarf*) können Sie den Bedarf an Einbauteilen und Rohmaterialien (*Sekundärbedarf*) planmäßig errechnen oder schätzen (gegebenenfalls unter Berücksichtigung von Erfahrungswerten). Rechnen Sie als Zusatzbedarf den Mehrbedarf für Wartung, Reparatur, Ausschuss oder Schwund dazu. Der Zusatzbedarf wird häufig durch einen erfahrungsbasierten prozentualen Aufschlag auf den Sekundärbedarf ermittelt.

- ✔ **Lagerbestand:** Ergibt sich aus den tatsächlich im Lager vorhandenen Materialien.

- ✔ **Bestellbestand:** Entspricht den offenen Bestellungen.

2 ► Materialwirtschaft: Den Materialfluss optimieren

✔ **Vormerkbestand:** Reservierungen und Voranmeldungen für zu erwartende Lagerabgänge für bestimmte Aufträge. Er verursacht weiteren Materialbedarf.

✔ **Werkstattbestand:** Materialien, die das Lager bereits verlassen haben und sich in der Werkstatt zur Weiterverarbeitung befinden.

Der *Nettobedarf* entspricht der Beschaffungsmenge, die Sie beschaffen müssen.

Nehmen Sie einmal folgendes Beispiel: Das Unternehmen Salamunter GmbH produziert Schuhe. Dafür muss es Ledersohlen beschaffen. Hier sehen Sie exemplarisch die Ermittlung des Nettobedarfs der Ledersohlen für den Schuhtyp »Stadtbummel« für den Monat August:

Bruttobedarf:	825 Stück (750 Schuhe (je Schuh eine Ledersohle) + 75 Ledersohlen Zusatzbedarf (= 10 %))
– Lagerbestand:	275 Stück
– Bestellbestand:	350 Stück (noch nicht gelieferte Bestellung aus dem Vormonat)
+ Vormerkbestand:	50 Stück
– Werkstattbestand:	120 Stück
= Nettobedarf:	130 Stück

Das Unternehmen muss also für die Augustproduktion des Schuhtyps »Stadtbummel« noch 130 Ledersohlen bestellen.

Optimale Bestellmenge und andlersche Formel

Haben Sie den Materialbedarf ermittelt, möchten Sie die Bestellmenge natürlich möglichst kostengünstig beschaffen. Dabei gibt es aber ein Optimierungsproblem: Bestellen Sie nur selten, ist die Bestellmenge relativ hoch und es entsteht ein entsprechender Lagerbestand. Dieser verursacht Lagerkosten. Dafür haben Sie aber nur geringe Bestellkosten, da für jede Bestellung bestellfixe Kosten anfallen.

Bestellen Sie hingegen öfter, sinken zwar die Lagerkosten, dafür steigen aber die Beschaffungskosten.

Ihre Aufgabe besteht also darin, die Summe aus Beschaffungs- und Lagerkosten zu minimieren. Zur Lösung dieses Problems der optimalen Bestellmenge können Sie die *andlersche Formel* verwenden:

$$B_{opt} = \sqrt{\frac{200 \cdot J_B \cdot K_f}{p \cdot (i + l)}}$$

BWL-Formeln für Dummies

mit: B_{opt}: optimale Bestellmenge
J_B: Jahresbedarf in Stück
K_f: bestellfixe Kosten pro Bestellung
p: Bestellpreis pro Stück
i: Zinskostensatz pro Jahr in %
l: Lagerkostensatz pro Jahr in %

Veranschaulichen Sie sich das am folgenden Beispiel: Die Music KG produziert Musik-CDs. Für die CDs werden Hüllen benötigt. Zur Ermittlung der optimalen Bestellmenge B_{opt} liegen Ihnen folgende Daten vor:

✔ Jahresbedarf: 1.500.000 Stück (J_B)

✔ Bestellfixe Kosten pro Bestellung: 250 Euro (K_f)

✔ Preis pro Stück: 0,20 Euro (p)

✔ Zinskostensatz pro Jahr: 6 % (i)

✔ Lagerkostensatz pro Jahr: 4 % (l)

Die optimale Bestellmenge B_{opt} können Sie dann so berechnen:

$$B_{opt} = \sqrt{\frac{200 \cdot J_B \cdot K_f}{p \cdot (i+l)}} = \sqrt{\frac{200 \cdot 1.500.000 \cdot 250 \text{ Euro}}{0,20 \text{ Euro} \cdot (6\% + 4\%)}} = 193.649 \text{ Stück}$$

Die Music KG sollte also bei jeder CD-Bestellung knapp 194.000 Stück ordern, um die Beschaffungs- und Lagerkosten insgesamt möglichst gering zu halten.

Die Anzahl der *jährlich durchzuführenden Bestellungen* können Sie ermitteln, indem Sie den Jahresbedarf JB durch die optimale Bestellmenge B_{opt} dividieren. Das bedeutet, dass die Music KG pro Jahr etwa

$$\frac{1.500.000 \text{ Stück}}{193.649 \text{ Stück}} = 7,75\text{-mal die CDs bestellen sollte.}$$

Die Formel geht von vielen vereinfachenden Annahmen (zum Beispiel bekannter und gleichmäßiger Jahresverbrauch) aus.

In der Praxis gibt es daher auch flexible Bestellstrategien wie das *Bestellpunktsystem* (Bestellung einer bestimmten Menge, wenn der Lagerbestand einen bestimmten Meldebestand erreicht) oder das *Bestellrhythmussystem* (Festlegung der Bestellzeitpunkte, Anpassung der Bestellmenge an den Verbrauch).

2 ➤ Materialwirtschaft: Den Materialfluss optimieren

Lagerbestandsüberwachung

Die Lagerbestandsüberwachung setzt voraus, dass Ihnen Ihr Materialverbrauch und Ihr Lagerbestand bekannt sind. Zur Ermittlung des Materialverbrauchs beziehungsweise des Lagerbestands gibt es mehrere Methoden.

✔ **Inventurmethode:**

Verbrauch = Anfangsbestand + Zugang – Endbestand laut Inventur

✔ **Skontraktionsmethode (Fortschreibungsmethode):**

Endbestand = Anfangsbestand + Zugang – Abgang

Die Abgänge werden hier über Materialentnahmescheine erfasst.

✔ **Retrograde Methode (Rückrechnung):**

Verbrauch = planmäßiger Materialverbrauchsmenge · produzierte Ausbringungsmenge

Die Lagerbestandsüberwachung hat die Aufgabe, aufbauend auf den Ergebnissen der Bestandsführung Kennzahlen zu liefern, die durch Soll-Ist-Vergleiche (Zeitvergleiche im eigenen Unternehmen, Vergleiche mit anderen ähnlichen Unternehmen) Anhaltspunkte für logistische Probleme geben.

Einige der wichtigsten Kennzahlen sind:

Lieferbereitschaftsgrad

Der *Lieferbereitschaftsgrad* gibt an, wie stark die Waren verfügbar sind. Ist er zu niedrig, ist die Lieferbereitschaft gefährdet. Weist die Kennzahl allerdings einen relativ hohen Wert auf, könnten die Lagerkosten zu hoch sein.

$$\text{Lieferbereitschaftsgrad} = \frac{\text{Anzahl der bedienten Bedarfspositionen}}{\text{Anzahl aller Bedarfspositionen}} \cdot 100$$

Lagerumschlagshäufigkeit

Die *Lagerumschlagshäufigkeit* sollte möglichst hoch sein. Je geringer der Lagerbestand ist, desto weniger Kapital ist im Lager »gebunden«, das heißt desto weniger Kapital benötigt das Unternehmen. Das wäre gut, denn die Bereitstellung von Kapital kostet Geld (Zinszahlungen an die Banken für die Kreditvergabe).

$$\text{Lagerumschlagshäufigkeit} = \frac{\text{Materialeinsatz pro Jahr}}{\text{durchschnittlicher Lagerbestand}}$$

Durchschnittliche Lagerdauer

Die *durchschnittliche Lagerdauer* gibt die durchschnittliche Verweildauer der Materialen oder Waren in Tagen an. Sie sollte nicht zu gering sein, um die Lieferbereitschaft nicht zu gefährden. Ist sie aber zu hoch, könnten Unwirtschaftlichkeiten (Lagerhüter, zu hohe Bestellmenge, falscher Bestellrhythmus) die Ursache sein.

$$\text{Durchschnittliche Lagerdauer} = \frac{365 \text{ Tage}}{\text{Lagerumschlagshäufigkeit}}$$

Lagerbestand in % des Umsatzes

Der *Lagerbestand in % des Umsatzes* ist eine Kontrollgröße, die durch entsprechende Vergleiche noch einmal den relativen Lagerbestand zum Ausdruck bringt. Auch diese Kennzahl sollte weder zu niedrig noch zu hoch sein.

$$\text{Lagerbestand in \% des Umsatzes} = \frac{\text{Lagerbestand}}{\text{Umsatz}} \cdot 100$$

Produktion: Wirtschaftlich herstellen

3

In diesem Kapitel ...

- Die optimale Losgröße bestimmen
- Den Break-even-Point errechnen
- Das optimale Produktionsprogramm bestimmen
- Kennzahlen zur Produktionsprozesssteuerung

Wenn Sie die Produktionsfaktoren (Input) mit Unterstützung der Materialwirtschaft beschafft haben, müssen Sie nun die Produktionsfaktoren im Rahmen der Produktion möglichst systematisch und wirtschaftlich miteinander kombinieren, um die eigentlichen Güter und Dienstleistungen (Output) zu erstellen.

Auch bei der Gestaltung der Produktion gibt es einige Formeln und Kennziffern, die Ihnen helfen, die Produktionskosten zu minimieren und das optimale Produktionsprogramm festzulegen.

Optimale Losgröße

Meist produzieren Unternehmen mehrere artverwandte Produkte (Sorten) auf einer Produktionsanlage, sodass bei der Umstellung auf eine andere Produktart Umrüstkosten anfallen. Bei der Produktion ergibt sich dann das Problem, dass bei wenigen Umrüstungen zwar die Umrüstkosten niedrig gehalten werden können, dafür aber die Lagerkosten relativ hoch sind. Ziel ist es daher, die *optimale Losgröße* für die Fertigung zu finden, bei der die Summe aus Lagerkosten und Umrüstkosten minimal ist.

Zur Ermittlung der optimalen Losgröße können Sie in Analogie zur klassischen Bestellmengenformel folgenden Ansatz anwenden:

$$m_{opt} = \sqrt{\frac{200 \cdot J_B \cdot R_k}{k_{HK} \cdot (i + l)}}$$

mit: m_{opt}: optimale Losgröße
JB: Jahresbedarf (Absatzmenge pro Jahr) in Stück
R_k: fixe Rüstkosten bei Sortenwechsel
k_{HK}: Herstellkosten pro Stück
i: Zinskostensatz pro Jahr in %
l: Lagerkostensatz pro Jahr in %

Lassen Sie uns das folgende Beispiel betrachten: Die Mayer AG produziert auf ihrer Produktionsanlage verschiedene Schmerzmittel. Pro Jahr können von den verschiedenen Sorten insgesamt 2 Mio. Packungen verkauft werden. Bei der Umstellung der Produktion von einem Schmerzmittel auf ein anderes fallen fixe Umrüstkosten an. Folgende Daten sind bekannt:

- ✔ Jahresabsatzmenge: 2.000.000 Packungen (J_B)
- ✔ Umrüstkosten: 1.500 Euro (R_k)
- ✔ Herstellungskosten pro Packung: 2,50 Euro (k_{HK})
- ✔ Zinskostensatz pro Jahr: 5 % (i)
- ✔ Lagerkostensatz pro Jahr: 7 % (l)

Die optimale Losgröße m_{opt} beträgt dann:

$$m_{opt} = \sqrt{\frac{200 \cdot JB \cdot R_k}{k_{HK} \cdot (i+l)}} = \sqrt{\frac{200 \cdot 2.000.000 \text{ Stück} \cdot 1.500 \text{ Euro}}{2,50 \text{ Euro} \cdot (5+7)}} = 141.421 \text{ Stück}$$

Die Mayer AG sollte also von jeder Schmerzmittelsorte circa 141.421 Packungen produzieren, und dann die Produktionsanlage auf die nächste Sorte umrüsten.

Break-even-Point/Gewinnschwelle

Für die Planung des Produktionsprogramms ist es für jedes Unternehmen wichtig zu wissen, ab welcher Absatzmenge das Unternehmen in die Gewinnzone rutscht. Diesen Punkt nennt man auch *Gewinnschwelle* oder *Break-even-Point*.

Der Break-even-Point ist erreicht, wenn die Umsätze aus dem Verkauf der Produkte genau gleich den Gesamtkosten der Leistungserstellung sind. Formelmäßig kann man dies wie folgt darstellen:

Umsatz = Preis pro Stück · Absatzmenge = $p \cdot x$
Gesamtkosten = Fixkosten + variable Kosten = $K_F + K_V$
Variable Kosten = variable Stückkosten · Menge = $k_v \cdot x$

3 ➤ Produktion: Wirtschaftlich herstellen

 Wenn Sie den Unterschied zwischen Gesamtkosten und Stückkosten oder zwischen variablen und fixen Kosten genauer nachlesen möchten, schauen Sie bitte ins Kapitel 12 in *BWL für Dummies*.

$$\text{Break-even-Menge} = \frac{\text{Fixkosten}}{\text{Preis pro Stück} - \text{variable Stückkosten}} = \frac{K_F}{p - k_v}$$

Nehmen wir einmal an, die Überlebens AG möchte wissen, ab welcher Absatzmenge ihres einzigen Produkts »Dschungelmesser« das Unternehmen Gewinn macht. Zur Ermittlung der Break-even-Menge sind folgende Zahlen bekannt:

✔ Fixkosten K_F: 600.000 Euro pro Jahr

✔ Preis p pro Dschungelmesser: 20 Euro

✔ Variable Stückkosten k_v pro Dschungelmesser: 12 Euro

Wie viele Messer muss die Überlebens-AG verkaufen, um Gewinn zu machen?

$$\text{Break-even-Menge} = \frac{K_F}{p - k_v} = \frac{600.000\,\text{Euro}}{20\,\text{Euro} - 12\,\text{Euro}} = 75.000\,\text{Stück}$$

Abbildung 3.1 zeigt eine grafische Darstellung der Break-even-Analyse.

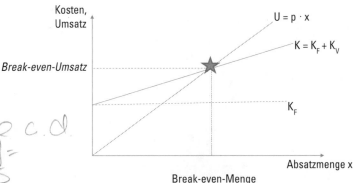

Abbildung 3.1: Break-even-Analyse

Die Überlebens AG weiß nun, dass sie mindestens 75.000 Dschungelmesser pro Jahr verkaufen muss, um in die Gewinnzone zu kommen. Verkauft sie weniger, können die Kosten nicht voll gedeckt werden und das Unternehmen schreibt Verluste. Befindet sich das Unternehmen in der Verlustzone, droht die Insolvenz.

Folgende Maßnahmen wären bei Verlusten denkbar, um ein Unternehmen in die Gewinnzone zu bringen:

- ✔ Steigerung der Absatzmenge durch Marketingmaßnahmen (zum Beispiel durch mehr Werbung)
- ✔ Senkung der Kosten (zum Beispiel durch eine Produktivitätsverbesserung)
- ✔ Preiserhöhung (Vorsicht: Normalerweise sinkt bei einer Preiserhöhung aber auch die Absatzmenge.)

Produktionsprogrammplanung

Hat ein Unternehmen mehrere Produkte, können Sie das optimale Produktionsprogramm über die *Deckungsbeitragsrechnung* ermitteln. Der Deckungsbeitrag pro Stück ist die Differenz zwischen dem Preis pro Stück und den variablen Stückkosten. Jedes Produkt mit einem positiven Stückdeckungsbeitrag sollte in das Produktionsprogramm möglichst mit der maximalen Absatzmenge aufgenommen werden, da es zur Abdeckung der Fixkosten und zur Gewinnerzielung beiträgt.

Die Methodik der Deckungsbeitragsrechnung zeigt das folgende Beispiel: Die Buchstäblich GmbH hat die vier Produkte A, B, C und D im Produktsortiment. Tabelle 3.1 enthält das Ergebnis der Deckungsbeitragsrechnung.

Produkt	A	B	C	D
Preis pro Stück	20 Euro	12 Euro	24 Euro	8 Euro
Variable Stückkosten	12 Euro	8 Euro	16 Euro	10 Euro
Deckungsbeitrag pro Stück	8 Euro	4 Euro	8 Euro	–2 Euro
Max. Absatzmenge	5.000 Stück	8.000 Stück	3.000 Stück	10.000 Stück

Tabelle 3.1: Deckungsbeitragsrechnung

Da die Deckungsbeiträge der Produkte A, B und C positiv sind, sollte die Buchstäblich GmbH diese Produkte möglichst in Höhe der maximalen Absatzmenge produzieren. Das Produkt D hingegen sollte sie wohl besser aus dem Produktsortiment herausnehmen, weil der Deckungsbeitrag negativ ist. Das bedeutet, dass der Preis des Produkts D noch nicht einmal die variablen Stückkosten deckt.

3 ➤ Produktion: Wirtschaftlich herstellen

Ein Gewinn liegt allerdings erst dann vor, wenn sämtliche Deckungsbeiträge ausreichen, die Fixkosten des Unternehmens abzudecken. Hätte das Unternehmen Fixkosten in Höhe von 80.000 Euro, würde bei Umsetzung des optimalen Produktionsprogramms folgender Gewinn anfallen:

Gewinn/Verlust = Summe aller Deckungsbeiträge − Fixkosten
= 8 Euro · 5.000 + 4 Euro · 8.000 + 8 Euro · 3.000 − 80.000 Euro
= 96.000 Euro − 80.000 Euro = 16.000 Euro (Gewinn)

Falls das Unternehmen einen Produktionsengpass hat und die Kapazitäten nicht ausreichen, das optimale Produktionsprogramm zu realisieren, müssen Sie *relative Deckungsbeiträge* berechnen. Hierbei wird der Deckungsbeitrag pro Stück dividiert durch die Engpassbeanspruchung (zum Beispiel Beanspruchung einer Maschine durch das Produkt in Minuten, falls die Maschine den Produktionsengpass darstellt). Die Produkte bringen Sie dann nach ihren (positiven) relativen Deckungsbeiträgen in eine Rangfolge, aus der Sie das optimale Produktionsprogramm unter Beachtung der Kapazitätsauslastung ableiten können.

Kennzahlen zur Produktionsprozesssteuerung

Haben Sie noch nicht genug von Kennzahlen? Keine Sorge, es gibt noch weitere zur Steuerung und Kontrolle des Produktionsprozesses.

$$\text{Beschäftigungsgrad} = \frac{\text{Istbeschäftigung}}{\text{Planbeschäftigung}} \cdot 100$$

Ein Beispiel hierfür wäre der Abgleich der tatsächlichen Produktionsmenge mit der geplanten Produktionsmenge.

$$\text{Kapazitätsauslastungsgrad} = \frac{\text{Istauslastung}}{\text{Maximalauslastung}} \cdot 100$$

Der Kapazitätsauslastungsgrad wird typischerweise für Maschinen ermittelt. Diese Kennzahl zeigt Ihnen, welcher Anteil der Kapazität tatsächlich genutzt wird.

$$\text{Ausschussquote} = \frac{\text{Ausschussmenge}}{\text{Produktionsmenge}} \cdot 100$$

Ein Beispiel hierfür wäre ein Produkt XY. Die Ausschussquote gibt den prozentualen Anteil der Produktionsmenge des Produkts XY wieder, der als Ausschuss unbrauchbar ist.

Während Beschäftigungsgrad und Kapazitätsauslastungsgrad möglichst hoch sein sollten, legen die Unternehmen Wert auf möglichst geringe Ausschussquoten, da niedrige Ausschussquoten auf eine gute Qualität der Produktion hindeuten und zu niedrigen Produktionskosten beitragen.

Marketing: Den Absatz steuern

In diesem Kapitel ...

- Markt- und Vertriebskennzahlen kennenlernen
- Preis-Absatz-Funktion: wie viel Sie bei welchem Preis verkaufen
- Gewinnfunktion: wie Sie den Gewinn berechnen und maximieren
- Preiselastizitäten: was passiert, wenn Sie den Preis ändern
- Preiskalkulation: wie Sie den Preis kalkulieren

*F*ür den Begriff *Marketing* gibt es viele Definitionen. Eine moderne Auffassung besagt, dass Marketing die auf den Markt und auf die Kundschaft ausgerichtete Führung des gesamten Unternehmens bedeutet. Aber Sie möchten sicher nicht über Definitionen philosophieren, sondern wissen, mit welchen Kennzahlen ein Unternehmen den Absatz der hergestellten Produkte und Dienstleistungen an die Kunden kontrollieren und steuern kann, denn im Absatz liegt die Kernaufgabe des Marketings.

Markt- und Vertriebskennzahlen

Bevor wir uns einige Kennzahlen zum Markt genauer anschauen, möchte ich einige Marketingbegriffe klarstellen:

- ✔ **Absatzvolumen:** realisierte Absatzmenge des eigenen Unternehmens
- ✔ **Absatzpotenzial:** maximal erreichbare Absatzmenge des eigenen Unternehmens
- ✔ **Marktvolumen:** realisierte Absatzmenge aller Unternehmen der Branche
- ✔ **Marktpotenzial:** maximal erreichbare Absatzmenge aller Unternehmen der Branche

Statt der Absatzmengen werden in der Praxis häufig auch die entsprechenden Umsatzzahlen verwendet.

Die aktuelle Marktposition des Unternehmens spiegeln folgende Kennzahlen wider:

$$\text{absoluter Marktanteil} = \frac{\text{Absatzvolumen}}{\text{Marktvolumen}} \cdot 100$$

$$\text{relativer Marktanteil} = \frac{\text{eigener absoluter Marktanteil}}{\text{absol. Marktanteil des größten Konkurrenten}} \cdot 100$$

$$\text{Sättigungsgrad des Marktes} = \frac{\text{Marktvolumen}}{\text{Marktpotenzial}} \cdot 100$$

$$\text{Marktwachstum} = \frac{\text{aktuelles Marktvolumen} - \text{Marktvol. der Vorperiode}}{\text{Marktvolumen der Vorperiode}} \cdot 100$$

Weitere für den Vertrieb wichtige Kennzahlen sind:

$$\text{Angebotserfolg} = \frac{\text{erhaltene Aufträge}}{\text{abgegebene Aufträge}} \cdot 100$$

$$\text{Auftragsreichweite} = \frac{\text{Auftragsbestand}}{\text{Umsatz des letzten 12 Monate}} \cdot 100$$

$$\text{durchschnittlicher Umsatz pro Kunde} = \frac{\text{Umsatzerlöse}}{\text{Kundenanzahl}} \cdot 100$$

$$\text{Exportquote} = \frac{\text{Umsatzerlöse im Ausland}}{\text{Gesamte Umsatzerlöse}} \cdot 100$$

Preis-Absatz-Funktion

Mithilfe der Preis-Absatz-Funktion lässt sich als Formel und als Grafik darstellen, welche Absatzmenge bei alternativen Preisen nachgefragt wird. Dabei wird von der idealtypischen Annahme des vollkommenen Marktes ausgegangen, sodass dieses Modell mehr für die theoretische Ausbildung als für die Unternehmenspraxis geeignet ist. Dabei wird unterstellt, dass die Absatzmenge bei steigenden Preisen sinkt, was für die meisten Güter auch zutreffend sein dürfte.

 Alles rund um das Marketing erfahren Sie in *BWL für Dummies* in Kapitel 4.

4 ➤ Marketing: Den Absatz steuern

Die Preis-Absatz-Funktion lautet bei linear sinkendem Verlauf:

P (x) = a – b · x

mit: P: Preis pro Stück in Abhängigkeit von der Absatzmenge x

a: Höchstpreis, bei dem die Absatzmenge gleich null ist (Prohibitivpreis genannt)

b: Verhältnis der proportionalen Veränderung von Preis und Menge

x: Absatzmenge in Stück

Nehmen Sie an, die Preis-Absatz-Funktion lautet P(x) = 100 – 0,2 · x.

Dann können Sie mithilfe einer Wertetabelle (siehe Tabelle 4.1) die Werte für P und x durch Einsetzen verschiedener Werte in die Funktion berechnen und anschließend eine entsprechende Grafik erstellen.

x	0	100	300	500
P	100	80	40	0

Tabelle 4.1: Wertetabelle zur Bestimmung der Preis-Absatz-Funktion

Grafisch lässt sich die Preis-Absatz-Funktion dann wie in Abbildung 4.1 gezeigt darstellen.

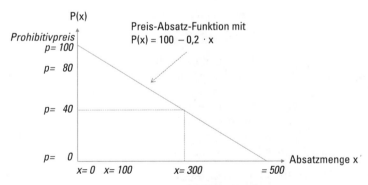

Abbildung 4.1: Preis-Absatz-Funktion

Gewinnfunktion

Aus der Preis-Absatz-Funktion können Sie die Erlösfunktion ableiten, indem Sie die Preis-Absatz-Funktion mit der Absatzmenge x multiplizieren:

Erlös = $E(x) = x \cdot P(x)$

Den Gewinn ermitteln Sie, indem Sie die Kosten von den Erlösen abziehen:

Gewinn = $G(x)$ = Erlös − Kosten = $E(x) - K(x)$

Die Kostenfunktion setzt sich zusammen aus Fixkosten K_F und variablen Kosten K_v:

$K(x) = K_F + K_v(x)$

Nehmen wir als Beispiel wieder die Preis-Absatz-Funktion:

$P(x) = 100 - 0{,}2 \cdot x$

Die Erlösfunktion ist dann:

$E(x) = x \cdot P(x) = x \cdot (100 - 0{,}2 \cdot x)$

Nehmen Sie eine Kostenfunktion mit $K(x) = 2000 + 30 \cdot x$ an. Die Gewinnfunktion lautet dann:

$G(x) = x \cdot (100 - 0{,}2 \cdot x) - (2000 + 30 \cdot x)$

Der Gewinn bei der Absatzmenge x von 300 Stück wäre dann:

$G(x = 300) = 300 \cdot (100 - 0{,}2 \cdot 300) - (2000 + 30 \cdot 300) = 1.000$ Euro

Natürlich versuchen die Unternehmen die gewinnmaximale Preis-Mengen-Kombination zu realisieren.

Für Mathe-Asse (falls Sie noch nicht dazugehören, lesen Sie doch einfach *Wirtschaftsmathematik für Dummies*): Mathematisch lässt sich der maximale Gewinn berechnen, indem die ersten Ableitungen der Erlös- und Kostenfunktion gebildet und dann miteinander gleichgesetzt werden. Diese Gleichung wird dann nach der Absatzmenge x aufgelöst. Setzen Sie diese gewinnmaximale Absatzmenge x in die Preis-Absatz-Funktion ein, erhalten Sie den gewinnmaximalen Preis.

Den maximalen Gewinn in unserem Beispiel ermitteln Sie folgendermaßen:

$E'(x) = 100 - 0{,}4 \cdot x$

$K'(x) = 30$

$E'(x) = K'(x)$ entspricht im Beispiel $100 - 0{,}4 \cdot x = 30$

Daraus folgt: $x_{opt} = 175$ und $p_{opt} = 65$
Der maximale Gewinn ist dann: $G_{max} = 4.125$ Euro

Preiselastizitäten

Bei der Preisfestlegung möchten die Unternehmen natürlich gerne wissen, wie sich Preisveränderungen auf die nachgefragte Menge, den Umsatz und den Gewinn auswirken. Zur Abschätzung der Auswirkungen von Preisveränderungen dient die *Preiselastizität der Nachfrage*. Diese können Sie mit folgender Formel berechnen:

$$\text{Preiselastizität der Nachfrage} = \frac{\text{relative Mengenänderung}}{\text{relative Preisänderung}}$$

Die relative Änderung berechnen Sie, indem Sie die Veränderung der Menge beziehungsweise des Preises in Bezug zur Ausgangsgröße setzen. Sie ermitteln damit die prozentuale Veränderung der Menge beziehungsweise des Preises.

Veranschaulichen Sie sich die Formel anhand des folgenden Beispiels: Das Unternehmen Monika AG verkauft Handys für 120 Euro. Bei diesem Preis kann es 100.000 Stück pro Monat absetzen. Der Umsatz beträgt 12 Mio. Euro (120 Euro/ Stück · 100.000 Stück). Das Unternehmen möchte gerne wissen, wie sich eine Preiserhöhung oder Preissenkung um jeweils 20 Euro auf die Absatzmenge und den Umsatz auswirkt.

Dazu beauftragt die Monika AG ein Marktforschungsinstitut, das mittels Kunden- und Expertenbefragungen/-tests das in Tabelle 4.2 dargestellte Ergebnis herausfindet.

Preis in Euro	100	120	140
Verkaufsmenge pro Monat in Stück	130.000	100.000	60.000

Tabelle 4.2: Ergebnis der Marktforschung

Daraus können Sie nach der Formel folgende Preiselastizitäten und Umsätze errechnen:

$$\text{Preiselastizität bei der Preissenkung} = \frac{+30.000 : 100.000}{-20 : 100} = \frac{0,3}{-0,2} = -1,5$$

Umsatz bei der Preissenkung = 100 Euro/Stück · 130.000 Stück = 13 Mio. Euro

Preiselastizität bei der Preiserhöhung = $\dfrac{-40.000 : 100.000}{+20 : 100} = \dfrac{-0,4}{0,2} = -2,0$

Umsatz bei der Preiserhöhung = 140 Euro/Stück · 60.000 Stück = 8,4 Mio. Euro

Die Preiselastizität wird meist in einen positiven Wert umdefiniert. In unserem Beispiel ist die Preiselastizität bei beiden Preisänderungen größer als 1 (> 1). Man spricht dann von einer *elastischen Nachfrage*, da die relative Mengenänderung größer als die relative Preisänderung ist. Typisch für eine elastische Nachfrage sind steigende Umsätze bei sinkendem Preis und umgekehrt (siehe Beispiel). Um die Auswirkungen auf den Gewinn des Unternehmens festzustellen, müssen auch die jeweiligen Kosten bekannt sein.

Ist die relative Mengenänderung kleiner als die relative Preisänderung, ist die Preiselastizität kleiner als 1 (< 1). Man spricht in diesem Fall von einer *unelastischen Nachfrage*. Eine Preiserhöhung führt dann sogar zu steigenden Umsätzen, weil die Kunden wenig preissensibel sind und trotz des höheren Preises fast die gleiche Menge kaufen (Beispiel: Lebensmittel mit geringem Preis).

Bei Mehrproduktunternehmen kann es allerdings sein, dass sich die Preisveränderung bei einem Produkt A auf die Absatzmenge eines anderen Produkts B positiv (man spricht dann von komplementären Produkten) oder negativ (dann handelt es sich um substituierbare Produkte) auswirkt. Diese Effekte werden durch die *Kreuzpreiselastizität* zum Ausdruck gebracht:

Kreuzpreiselastizität = $\dfrac{\text{relative Mengenänderung bei Produkt B}}{\text{relative Preisänderung bei Produkt A}}$

Preiskalkulation in Industrie und Handel

In Industrie und Handel erfolgt die Preiskalkulation oft in Anlehnung an die Produktions- oder Beschaffungskosten.

Preiskalkulation in der Industrie

In *Industrieunternehmen*, die ihre Produkte meist selbst herstellen, wird häufig folgendes Schema zur Preiskalkulation verwendet:

Materialkosten
+ Fertigungskosten
= **Herstellkosten**
+ Verwaltungsgemeinkosten
+ Vertriebskosten
= **Selbstkosten**
+ Gewinnzuschlag (zum Beispiel 20 %)
= **Zielverkaufspreis (netto)**
+ Umsatzsteuer (19 %)
= **Zielverkaufspreis (brutto)**
+ Kundenrabatte (zum Beispiel 20 %)
= **ausgewiesener Preis (brutto)**

Wenn Sie wissen möchten, wie die Selbstkosten in produzierenden Unternehmen ermittelt werden, lesen Sie bitte Kapitel 8 zum Thema Kostenrechnung und Controlling in diesem Buch.

Preiskalkulation im Handel

In vielen *Handelsunternehmen* wird unter Berücksichtigung der Kosten des Wareneinkaufs folgendes (oder ein ähnliches) Schema zur Kalkulation des Verkaufspreises zugrunde gelegt:

Einkaufspreis
− Rabatt, Bonus, Skonto des Lieferanten
+ Bezugskosten (zum Beispiel Transportkosten, Versand)
= **Einstandspreis (Bezugspreis)**
+ Handlungskosten (Verwaltung, Verpackung)
= **Selbstkosten**
+ Gewinnzuschlag (zum Beispiel 20 %)
= **Zielverkaufspreis (netto)**
+ Umsatzsteuer (19 %)
= **Zielverkaufspreis (brutto)**
+ Kundenrabatte (zum Beispiel 20 %)
= **ausgewiesener Preis (brutto)**

Neben einer kostenorientierten Preiskalkulation können Unternehmen ihre Preise auch nachfrage- und marktorientiert sowie in Anlehnung an die Preise der Konkurrenten festlegen.

Teil II
Formeln zur Investitionsrechnung und Finanzierung

»Bitten Sie jemanden aus dem Controlling ein Cash-Flow-Statement und eine GuV zu erstellen und dieses Sudoku für mich zu lösen.«

In diesem Teil ...

Im zweiten Teil dieser Formelsammlung erkläre ich Ihnen die wichtigsten Formeln aus den Bereichen Investition und Finanzierung. Bei der *Investitionsrechnung* lernen Sie geeignete Methoden und Formeln kennen, mit deren Hilfe Sie beurteilen können, ob sich die Durchführung einer Investition wie die Anschaffung einer neuen Maschine rechnerisch lohnt. Oder Sie bestimmen aus mehreren möglichen Investitionsobjekten das beste Investitionsprogramm.

Bei der *Finanzierung* geht es darum, den Kapitalbedarf des Unternehmens zu ermitteln und das notwendige Kapital möglichst kostengünstig zu beschaffen.

Investitionsrechnung: Die richtigen Investitionsprojekte bestimmen

In diesem Kapitel ...

▶ Statische Investitionsrechnung: möglichst einfach rechnen
▶ Dynamische Investitionsrechnung: wenn Sie genauer rechnen möchten
▶ Vollständiger Finanzplan: einfach und transparent
▶ Nutzwertanalyse: wenn Sie auch qualitative Faktoren berücksichtigen möchten

*W*enn Sie als Unternehmer erfolgreich sein wollen, müssen Sie das Ihnen zur Verfügung stehende Kapital optimal einsetzen. Dazu müssen Sie aber erst einmal wissen, welche Geschäftsideen wirklich lohnend sind. Die Investitionsrechnung hilft Ihnen dabei, die lohnenden Investitionsprojekte zu identifizieren.

Investitionen sind:

✔ Sachinvestitionen in Anlagen (Maschinen), Grundstücke oder Vorräte
✔ Finanzinvestitionen in Beteiligungen (Aktienpakete), Wertpapiere oder Forderungen
✔ Immaterielle Investitionen in Forschung und Entwicklung oder in die Qualifikation der Mitarbeiter

Investition bedeutet normalerweise, dass Sie zunächst eine Auszahlung tätigen (zum Beispiel für die Anschaffung einer Maschine), der dann anschließend über mehrere Jahre Einzahlungsüberschüsse, zum Beispiel aus dem Verkauf der Waren, abzüglich der bei der Herstellung anfallenden Auszahlungen (Mitarbeiter, Lieferanten), folgen. Sie sollten Investitionen besonders sorgfältig planen, da sie mit einem hohen Kapitaleinsatz verbunden sind, meist langfristig wirken und damit das Risiko und die Existenz des Unternehmens maßgeblich beeinflussen.

Wenn Sie über das Thema Investition genauer Bescheid wissen möchten, sollten Sie im *BWL für Dummies* Kapitel 6 lesen.

Statische Investitionsrechnung

Wir beginnen mit den Verfahren der *statischen Investitionsrechnung*. Dabei handelt es sich um relativ einfache Rechenverfahren, die bezüglich der Berechnung und der erforderlichen Daten nur geringe Anforderungen stellen. Es reicht nämlich schon aus, wenn Sie die Daten des Investitionsprojekts für eine repräsentative Periode kennen. Die Verfahren werden statisch genannt, da mit den Durchschnittswerten der repräsentativen Periode gerechnet wird.

Zur statischen Investitionsrechnung gehören folgende Methoden:

✔ Kostenvergleichsrechnung

✔ Gewinnvergleichsrechnung

✔ Rentabilitätsrechnung

✔ Amortisationsrechnung

Kostenvergleichsrechnung

Bei der *Kostenvergleichsrechnung* vergleichen Sie die Gesamtkosten (bei gleicher Leistung) oder Stückkosten (bei unterschiedlicher Leistungsfähigkeit) von zwei oder mehreren Investitionsprojekten miteinander. Ihre Entscheidungsregel lautet: »Wähle das Investitionsprojekt mit den geringsten Kosten.«

Bei der Kostenermittlung in der Kostenvergleichsrechnung müssen Sie sämtliche Kosten berücksichtigen, die durch das jeweilige Investitionsprojekt verursacht werden.

✔ **Betriebskosten:** Lohnkosten, Materialkosten, Instandhaltungskosten einer Anlage, Energiekosten, sonstige Betriebskosten

✔ **Kapitalkosten:** Abschreibungen und kalkulatorischen Zinsen

Abschreibungen

Mit den Abschreibungen erfassen Sie den jährlichen Wertverlust einer Anlage. Sie werden wie folgt ermittelt:

$$\text{Jährliche Abschreibung} = \frac{\text{Anschaffungskosten}}{\text{Nutzungsdauer}}$$

5 ➤ Investitionsrechnung

Kalkulatorische Zinsen

Die kalkulatorischen Zinsen berücksichtigen Sie, weil durch die Anschaffung einer Investition Kapital gebunden wird (die Anschaffung muss schließlich finanziert werden) und dadurch Kapitalkosten (Sie zahlen Zinsen an eine Bank) entstehen. Die kalkulatorischen Zinsen auf das durchschnittlich gebundene Kapital können Sie am einfachsten nach der Durchschnittsmethode mit folgender Formel berechnen:

$$\text{Kalkulatorische Zinsen} = \frac{\text{Zinssatz in \%}}{100} \cdot \frac{\text{Anschaffungskosten}}{2}$$

Spielen Sie das am folgenden Beispiel einmal durch: Das Unternehmen Salamunter GmbH möchte ein neues Werk zur Produktion des völlig neuen Schuhtyps »Wellness« errichten. Dabei muss es sich entscheiden, ob die Produktion im Inland oder im Ausland erfolgen soll. Für eine Kostenvergleichsrechnung liegen die in Tabelle 5.1 aufgeführten Daten vor.

	Inland	Ausland
Betriebskosten pro Jahr in Euro	2.100.000	2.300.000
Jährliche Abschreibung in Euro	400.000	300.000
Jährliche kalkulatorische Zinsen in Euro	500.000	600.000
Gesamtkosten pro Jahr in Euro	3.000.000	3.200.000
Produzierte Menge pro Jahr	50.000 Schuhe	80.000 Schuhe
Kosten je Schuh in Euro	60	40

Tabelle 5.1: Kostenvergleichsrechnung

Wie würden Sie als Vorstand der Salamunter GmbH auf Basis dieser Daten entscheiden? Zwar sind die Gesamtkosten pro Jahr bei der Inlandsfertigung niedriger, jedoch können im Ausland 30.000 Schuhe mehr produziert werden. Daher vergleichen Sie die Stückkosten pro Schuh. Da diese bei der Produktion im Inland um 20 Euro höher sind als bei der Fertigung im Ausland, ist auf der Grundlage der Stückkosten die Produktion im Ausland kostengünstiger.

Bei der Anwendung der Kostenvergleichsrechnung setzen Sie voraus, dass die beim Betrieb der Anlage anfallenden Erlöse der Alternativen gleich hoch sind und die anfallenden Kosten übersteigen, da Sie sonst einen Verlust machen würden. Sind die Erlöse pro Stück oder die Absatzmengen der alternativen Investitionsobjekte allerdings unterschiedlich, müssen Sie eine Gewinnvergleichsrechnung durchführen. In unserem Beispiel sind die Produktionsmengen unterschiedlich. Außerdem könnte es durchaus sein, dass die Qualität der im Inland gefertigten Schuhe höher ist und sich deshalb auch ein höherer Preis rechtfertigen lässt.

Gewinnvergleichsrechnung

Bei der *Gewinnvergleichsrechnung* vergleichen Sie die durchschnittlich erwarteten Gewinne der Investitionsalternativen miteinander. Die Entscheidungsregel lautet: »Wähle das Investitionsprojekt mit dem höchsten Gewinn.«

Den Gewinn für die repräsentative Periode berechnen Sie, indem Sie die Erlöse der Investitionsalternativen berechnen und von den Erlösen die Gesamtkosten abziehen.

Gewinn = Erlöse − gesamte Kosten

Die Salamunter GmbH geht davon aus, dass für den neuen Schuhtyp »Wellness« bei der Produktion im Inland aufgrund der sehr guten Qualität beim Verkauf an den Einzelhandel ein höherer durchschnittlicher Preis als bei einer Herstellung im Ausland erzielt werden kann. Daher stellt das Unternehmen eine Gewinnvergleichsrechnung an (siehe Tabelle 5.2), um zu bestimmen, ob der Gewinn bei der Inlands- oder bei der Auslandsproduktion höher ist.

	Inland	Ausland
1. Preis je Schuh in Euro	100	70
2. Produzierte Menge pro Jahr	50.000 Schuhe	80.000 Schuhe
3. Erlöse pro Jahr in Euro: 1. · 2.	5.000.000	5.600.000
4. Gesamtkosten pro Jahr in Euro	3.000.000	3.200.000
5. Gewinn pro Jahr: 3.−4.	2.000.000	2.400.000

Tabelle 5.2: Gewinnvergleichsrechnung

Auf der Grundlage der Gewinnvergleichsrechnung sollte sich die Salamunter GmbH dafür entscheiden, den neuen Schuh im Ausland zu produzieren, da bei dieser Alternative der höhere Jahresgewinn anfällt. Würde sich allerdings herausstellen, dass bei beiden Alternativen ein Verlust anfällt, sollte das Unternehmen lieber ganz auf die Einführung und Produktion des neuen Schuhs verzichten.

Rentabilitätsrechnung

Eine *Rentabilitätsrechnung* sollten Sie dann durchführen, wenn die Gewinne der Investitionsalternativen mit unterschiedlichem Kapitaleinsatz erzielt werden. Die Entscheidungsregel lautet hier: »Wähle das Investitionsprojekt mit der höchsten Rentabilität, sofern diese höher als eine vorgegebene Mindestrendite ist.«

Die Rentabilität einer Investition wird nach folgender Formel ermittelt:

$$\text{Rentabilität} = \frac{\text{Gewinn vor Zinsen}}{\text{durchschnittlich gebundenes Kapital}} \cdot 100$$

Rechnen Sie dabei bitte mit dem *Gewinn vor Zinsen*, indem Sie bei der Gewinnermittlung keine kalkulatorischen Zinsen ansetzen, wie dies bei der Kostenvergleichsrechnung (siehe weiter vorn in diesem Kapitel) ja normalerweise vorgesehen ist. Dies ist deshalb notwendig, weil Sie die Rentabilität mit einer als Zielgröße vorgegebenen Mindestrendite vergleichen (siehe Entscheidungsregel) und sonst »doppelt gemoppelt« rechnen würden. Als Mindestrendite können Sie den durchschnittlichen Kapitalkostensatz des Unternehmens oder eine von der Unternehmensführung vorgegebene Mindestrendite für Investitionen nehmen.

Zurück zu unserem Beispiel: Der Vorstand der Salamunter GmbH hat beschlossen, Investitionen grundsätzlich nur dann durchzuführen, wenn diese eine Mindestrendite von 20 % aufweisen. Sie erhalten als Unternehmensplaner daher den Auftrag, die Rentabilität für die geplante Einführung des neuen Schuhtyps »Wellness« zu berechnen. Dabei gehen Sie davon aus, dass die Anschaffungskosten bei der Produktion im Inland 20 Mio. Euro und bei der Produktion im Ausland (wie Sie an den Produktionsmengen erkennen können, wird dort die größere Fabrik errichtet, für die auch zusätzliche Infrastrukturmaßnahmen notwendig sind) 36 Mio. Eurobetragen. Für die Ermittlung des Gewinns vor Zinsen addieren Sie quasi zur Korrektur zum Gewinn einfach die in der Kostenvergleichsrechnung angesetzten kalkulatorischen Zinsen. Das durchschnittliche Kapital können Sie vereinfacht berechnen, indem Sie die Anschaffungskosten halbieren.

Die Rentabilität bei der Produktion im Inland beträgt dann:

$$\text{Rentabilität} = \frac{2.000.000 \text{ Euro} + 500.000 \text{ Euro}}{20.000.000 \text{ Euro} \div 2} \cdot 100 = 25\,\%$$

Bei der Produktion im Ausland ergibt sich folgende Rentabilität:

$$\text{Rentabilität} = \frac{2.400.000 \text{ Euro} + 600.000 \text{ Euro}}{36.000.000 \text{ Euro} \div 2} \cdot 100 = 16{,}67\,\%$$

Die Rentabilitätsrechnung zeigt Ihnen, dass die Produktion im Inland dem Unternehmen die höhere durchschnittliche Rentabilität erbringt. Da die Rentabilität von 25 % zudem auch die für Investitionen geforderte Mindestrendite von 20 % übersteigt, sollte die Schuhproduktion nach der Rentabilitätsrechnung doch besser im Inland erfolgen.

Amortisationsrechnung

Bei der *Amortisationsrechnung* (die auch *Pay-off-Methode* genannt wird) ermitteln Sie die Zeitdauer, in der die Anschaffungsauszahlung des Investitionsprojekts erstmals durch die bis zu diesem Zeitpunkt insgesamt angefallenen Rückflüsse der Investition abgedeckt wird. Sie untersuchen also, wie lange es dauert, bis sich das Investitionsprojekt »amortisiert« hat. Die Entscheidungsregel lautet dabei: »Wählen Sie das Investitionsprojekt mit der geringsten Amortisationsdauer, sofern diese unter einem festgelegten Schwellenwert liegt.«

Nehmen wir einmal an, ein Investitionsprojekt hat eine Anschaffungsauszahlung von 100.000 Euro. Es wird mit jährlichen Rückflüssen des Investitionsprojekts von 25.000 Euro gerechnet. Die Amortisationsdauer beträgt dann 100.000 Euro/ 25.000 Euro = 4 Jahre. Ab dem fünften Jahr kommt das Investitionsprojekt also in die Gewinnphase. Beträgt der Schwellenwert für die Amortisationsrechnung fünf Jahre, sollte das Investitionsprojekt durchgeführt werden.

Durch die Amortisationsrechnung können Sie das Investitionsrisiko berücksichtigen. Denn je länger die Amortisationsdauer einer Investition ist, desto größer ist die Gefahr, dass die erwarteten Rückflüsse aufgrund heute noch nicht vorhersehbarer Ereignisse (zum Beispiel ein Erlöseinbruch durch die Einführung eines Konkurrenzprodukts) nicht erreicht werden. Die Amortisationsrechnung ist eher eine ergänzende Methode der Investitionsrechnung, die Ihnen keine Beurteilung der Ertragsstärke (Gewinn und Rentabilität) eines Investitionsvorhabens ermöglicht.

Nun kennen Sie die vier statischen Verfahren, die Ihnen einige Vorteile bieten:

✔ Sie sind leicht verständlich und gut zu interpretieren.

✔ Sie sind einfach zu berechnen, da sie auf Durchschnittswerte oder repräsentative Werte zurückgreifen.

5 ➤ Investitionsrechnung

Die statischen Verfahren weisen aber auch Nachteile auf, die Sie kennen sollten:

✔ Sie stellen eine grobe Vereinfachung dar, da nur mit Durchschnittswerten für eine repräsentative Periode gerechnet wird. Dadurch wird nicht berücksichtigt, wann genau die Rückflüsse einer Investition anfallen.

✔ Die Zurechnung von Kosten und Gewinnen auf einzelne Investitionsprojekte ist in der Praxis schwierig.

 Statische Investitionsrechnungen sollten Sie eher für kleinere und wenig komplexe Investitionsprojekte anwenden, die relativ konstante und leicht kalkulierbare Kosten und Erlöse aufweisen. In der Praxis verwenden daher besonders kleinere und mittlere Unternehmen diese einfachen Verfahren.

Finanzmathematische Grundlagen

Bevor Sie sich mit den dynamischen Verfahren der Investitionsrechnung vertraut machen, ist es notwendig, dass Sie sich mit einigen finanzmathematischen Grundlagen beschäftigen. Wenn Sie diese bereits beherrschen, prima, dann überspringen Sie diesen Abschnitt einfach. Sollten Sie mit der Mathematik auf Kriegsfuß stehen, blättern Sie weiter bis zum Abschnitt »Vollständiger Finanzplan (VoFi)«.

Das Grundproblem bei der dynamischen Investitionsrechnung liegt darin, dass der Wert einer Zahlung nicht nur von der Höhe der Zahlung abhängt, sondern auch davon, wann sie stattfindet. Denn je früher eine Zahlung stattfindet, desto mehr ist sie wert. Wenn Sie die Wahl hätten, 1.000 Euro heute oder in einem Jahr zu bekommen, würden Sie ja auch die 1.000 Euro heute nehmen (und eventuell ein Jahr verzinslich anlegen, dann haben Sie nach einem Jahr nämlich noch die Zinsen zusätzlich).

Einen Barwert berechnen

Investitionsprojekte haben fast immer eine mehrjährige Laufzeit, sodass viele Ein- und Auszahlungen zu verschiedenen Zeitpunkten anfallen. Die zu unterschiedlichen Zeitpunkten anfallenden Zahlungen können Sie miteinander vergleichbar machen, indem Sie die Zahlungen auf einen bestimmten Zeitpunkt auf- oder abzinsen. Der abgezinste heutige Wert einer in der Zukunft anfallenden Zahlung wird *Barwert* genannt. Sie ermitteln den Barwert durch Multiplikation der Zahlung mit einem Abzinsungsfaktor.

Barwert einer Zahlung = Zahlung · Abzinsungsfaktor

$$= \text{Zahlung} \cdot (1+i)^{-n} = \frac{\text{Zahlung}}{(1+i)^n}$$

mit: n = Anzahl der Jahre

i = Kalkulationszinssatz (zum Beispiel 5 % = 0,05)

Einen Zahlungsstrom bewerten

Üblicherweise hat eine Investition aber nicht nur eine Zahlung, sondern mehrere Zahlungen z zu unterschiedlichen Zeitpunkten t. Dann spricht man von einem *Zahlungsstrom*.

Um einen Zahlungsstrom zu bewerten, müssen Sie den Barwert für alle Zahlungen berechnen. Dazu diskontieren Sie jede einzelne Zahlung eines Zeitpunkts t – z_t genannt – auf heute (t = 0) ab.

Die Formel für die Berechnung des Barwertes eines Zahlungsstroms lautet:

Barwert eines Zahlungsstroms =

$$z_1 \cdot \frac{1}{(1+i)^1} + z_2 \cdot \frac{1}{(1+i)^2} + z_3 \cdot \frac{1}{(1+i)^3} + \ldots + z_n \cdot \frac{1}{(1+i)^n}$$

Nehmen Sie folgendes Beispiel: Sie möchten in einem Geschäft der Elektromarktkette Merkur einen neuen PC kaufen. Der Verkäufer bietet Ihnen an, den PC entweder zum Barpreis von 1.500 Euro zu kaufen oder mit einem Ratenkredit zu finanzieren. Bei der Finanzierung über den Ratenkredit müssten Sie in den nächsten drei Jahren (n = 3) am Jahresende jeweils 600 Euro zahlen. Welches Angebot ist besser für Sie, wenn Sie von einem Kalkulationszins i von 10 % p.a. (den Sie bei Ihrer Hausbank für einen Konsumentenkredit zahlen müssen) ausgehen?

Dazu vergleichen Sie die Barzahlung von 1.500 Euro (= Barwert) mit dem Barwert des Zahlungsstroms aus der Finanzierung (i = 0,1; n = 3):

$$600 \, \text{Euro} \cdot \frac{1}{(1+0{,}10)^1} + 600 \, \text{Euro} \cdot \frac{1}{(1+0{,}10)^2}$$
$$+ 600 \, \text{Euro} \cdot \frac{1}{(1+0{,}10)^3} = 1.492{,}11 \, \text{Euro}$$

Da die Finanzierung über den Ratenkredit einen niedrigeren Barwert hat, ist diese für Sie günstiger als die Barzahlung.

Mit dem Rentenbarwertfaktor die Rechnung vereinfachen

Nicht selten haben Zahlungsströme eine gleichbleibende Zahlung z über mehrere Perioden. Diese konstante Zahlung wird $\bar{z}$ genannt. Wenn Sie den Barwert eines Zahlungsstroms mit einer konstanten Zahlung $\bar{z}$ berechnen möchten, verwenden Sie folgende Formel:

Barwert einer konstanten Zahlung $\bar{z}$

$$= \bar{z} \cdot \frac{1}{(1+i)^1} + \bar{z} \cdot \frac{1}{(1+i)^2} + \bar{z} \cdot \frac{1}{(1+i)^3} + \ldots + \bar{z} \cdot \frac{1}{(1+i)^n}$$

Diese Formel können Sie wie folgt vereinfachen:

Barwert einer konstanten Zahlung $\bar{z} = \bar{z} \cdot \dfrac{(1+i)^n - 1}{(1+i)^n \cdot i}$

Der Faktor

$$\frac{(1+i)^n - 1}{(1+i)^n \cdot i}$$

wird als *Rentenbarwertfaktor* bezeichnet. Er bringt zum Ausdruck, wie hoch der Barwert einer konstanten Zahlung, die über n Jahre gezahlt wird, heute ist. Den Kehrwert (reziproker Wert) nennt man *Annuitätenfaktor*.

Da der Ratenkredit in unserem Beispiel eine konstante Ratenzahlung von 600 Euro über drei Jahre hat, können Sie den Barwert des Ratenkredits alternativ auch mithilfe des Rentenbarwertfaktors berechnen:

$$600 \text{ Euro} \cdot \frac{(1+0{,}10)^3 - 1}{(1+0{,}01)^3 \cdot 0{,}10} = 600 \text{ Euro} \cdot 2{,}486852 = 1.492{,}11 \text{ Euro}$$

Dynamische Methoden der Investitionsrechnung

In den folgenden Abschnitten erfahren Sie mehr über die dynamischen Methoden der Investitionsrechnung. Zu diesen zählen:

✔ Kapitalwert

✔ Annuität

✔ interner Zinsfuß

Der Unterschied zu den zuvor behandelten statischen Verfahren liegt darin, dass die *dynamische Investitionsrechnung*

✔ *nicht* wie die statischen Methoden mit Durchschnittswerten oder repräsentativen Werten rechnet, sondern die während der Laufzeit einer Investition anfallenden Zahlungen zeitgenau berücksichtigt werden (daher werden sie auch *dynamisch* genannt).

✔ nicht auf Kosten und Erlösen basiert, sondern auf den Ein- und Auszahlungen eines Investitionsprojekts. Daher spricht man auch von einer zahlungsstromorientierten Sichtweise.

✔ durch die periodengenaue Erfassung der Zahlungsströme den unterschiedlichen zeitliche Anfall der Ein- und Auszahlungen erfasst und damit den Zeitfaktor berücksichtigt. Durch die Abzinsung aller Zahlungen auf t = 0 werden die zu unterschiedlichen Zeitpunkten auftretenden Zahlungen vergleichbar gemacht.

Bei den in den folgenden Abschnitten behandelten Methoden der dynamischen Investitionsrechnung gehen wir der Einfachheit halber von einem *vollkommenen Kapitalmarkt* aus. Damit unterstellen wir insbesondere, dass es unabhängig von der Laufzeit der Investitionsprojekte nur einen einheitlichen Kalkulationszinssatz i gibt, mit dem die Zahlungen abgezinst werden. Auch steuerliche Einflüsse können dann vernachlässigt werden.

Kapitalwertmethode

Die *Kapitalwertmethode* ist die wichtigste Methode zur Bewertung von Investitionen.

Um den *Kapitalwert* einer Investition zu berechnen, zinsen Sie zunächst alle einer Investition zurechenbaren Ein- und Auszahlungen (inklusive der Anschaffungsauszahlung) auf t = 0 ab, das heißt, Sie berechnen die Barwerte aller Ein- und Auszahlungen. Den Kapitalwert erhalten Sie, wenn Sie dann noch alle Barwerte zu einer Summe addieren.

Die Entscheidungsregel lautet: »Ein Investitionsobjekt ist lohnend, wenn der Kapitalwert positiv ist. Bei mehreren Investitionsalternativen ist das Investitionsobjekt mit dem höchsten Kapitalwert zu wählen, sofern dieser positiv ist.«

Sie können den Kapitalwert über die folgende Formel bestimmen:

$$K_o = -a_o + (E_1 - A_1) \cdot \frac{1}{(1+i)^1} + (E_2 - A_2) \cdot \frac{1}{(1+i)^2} + (E_3 - A_3) \cdot \frac{1}{(1+i)^3} + \ldots$$
$$+ (E_n - A_n) \cdot \frac{1}{(1+i)^n} + L_n \cdot \frac{1}{(1+i)^n}$$

5 > Investitionsrechnung

Die Symbole in der Formel haben die folgende Bedeutung:

- ✔ K_0: Kapitalwert, bezogen auf t = 0 (in der Regel heute)
- ✔ a_0: Anschaffungsauszahlung zum Zeitpunkt $t = 0$
- ✔ E_t: Einzahlung des Investitionsobjekts zum Zeitpunkt t
- ✔ A_t: Auszahlung des Investitionsobjekts zum Zeitpunkt t
- ✔ L_n: Manchmal fällt am Ende der Laufzeit ein Liquidationserlös an, wenn der Investitionsgegenstand zu einem Resterlös verkauft werden kann.
- ✔ t: Laufindex für die Zeit. t = 1 bedeutet, dass wir uns am Ende der ersten Periode befinden.
- ✔ n: Zeitpunkt, an dem der letzte Einzahlungsüberschuss anfällt
- ✔ i: Kalkulationszinssatz

Vereinfacht ausgedrückt können Sie den Kapitalwert nach folgender Formel berechnen:

Summe der Barwerte aller Einzahlungsüberschüsse ($E_t - A_t$) der Investition

+ Barwert des Liquidationserlöses L_n

− Anschaffungsauszahlung A_0

= Kapitalwert der Investition

Zurück zum Beispiel: Der Schuhhersteller Salamunter GmbH plant die Durchführung einer Erweiterungsinvestition (Kauf einer zusätzlichen Produktionsanlage) für den Schuhtyp »Alltag«, da dieser ständig ausverkauft ist und dadurch bisher zusätzliche Einnahmen verschenkt werden. Das Unternehmen prognostiziert für die Erweiterungsinvestition den in Tabelle 5.3 abgebildeten Zahlungsstrom.

Zeitpunkt	t_0	t_1	t_2	t_3
Zahlungsart	Auszahlung	Einzahlungsüberschuss	Einzahlungsüberschuss	Einzahlungsüberschuss inklusive Liquidationserlös
Symbol für die Zahlung	a_0	Z_1	Z_2	Z_3
Höhe der Zahlung in Euro	9.000.000	3.000.000	4.000.000	5.000.000

Tabelle 5.3: Zahlungsstrom einer Investition

Bei einem Kalkulationszinsfuß von 10 % können Sie den Kapitalwert (in Euro) wie folgt berechnen:

$$K_o = -9.000.000 + 3.000.000 \cdot \frac{1}{(1+0,1)^1} + 4.000.000 \cdot \frac{1}{(1+0,1)^2}$$

$$+ 5.000.000 \cdot \frac{1}{(1+0,1)^3}$$

$$= -9.000.000 + 3.000.000 \cdot 0,9090 + 4.000.000 \cdot 0,8264$$

$$+ 5.000.000 \cdot 0,75130 = 789.631,86 \text{ Euro}$$

Da der Kapitalwert positiv ist, sollte die Salamunter GmbH die Erweiterungsinvestition tätigen.

Was aber bedeutet ein Kapitalwert in Höhe von fast 789.632 Euro genau? Das heißt, dass die Salamunter GmbH bei Durchführung der Erweiterungsinvestition neben der üblichen Verzinsung des freien Kapitals von 10 % einen zusätzlichen Gewinn in Höhe des Kapitalwertes von 789.632 Euro erzielt, bezogen auf den Zeitpunkt t_0. Neben der Rendite in Höhe von 10 % erbringt die Investition also einen Zusatzgewinn von knapp 790.000 Euro. Diesen könnten die Gesellschafter des Unternehmens beispielsweise für private Zwecke in $t = 0$ (also heute) entnehmen.

Interpretation des Kapitalwertes: Der Kapitalwert ist kein Gewinn, sondern gibt den Mehrwert gegenüber der Opportunität an. Als Opportunität haben Sie zumindest die Möglichkeit, freie Gelder am Kapitalmarkt anzulegen. Ein positiver Kapitalwert zeigt Ihnen also an, um wie viel Euro Sie reicher werden, wenn Sie eine Investition durchführen, anstelle Ihr Kapital am Kapitalmarkt anzulegen.

Folgende Dinge sollten Sie bei der Interpretation des Kapitalwertes beachten:

✔ **Der Kapitalwert ist positiv.** Ein positiver Kapitalwert spiegelt die absolute Höhe des finanziellen Vorteils gegenüber der Opportunitätsanlage in der Dimension Euro wider.

✔ **Der Kapitalwert ist gleich 0.** Wenn der Kapitalwert eines Investitionsobjekts gleich 0 ist, ist es gleichgültig, ob Sie Ihr Geld am Kapitalmarkt zum Kalkulationszinsfuß oder in das Investitionsobjekt anlegen. Dies wird als *Entscheidungsindifferenz* bezeichnet.

✔ **Der Kapitalwert ist negativ.** Ein negativer Kapitalwert bedeutet, dass Sie Ihre freien Gelder besser zum Kalkulationszins (gegebenenfalls am Kapitalmarkt) anlegen sollten, als in das Investitionsobjekt zu investieren.

Der Kapitalwert ist auch von der Höhe des Kalkulationszinsfußes abhängig. Je höher Sie den Kalkulationszinssatz ansetzen, desto niedriger ist der Kapitalwert – und umgekehrt.

Annuitätenmethode

Die *Annuitätenmethode* ist eine Variante der Kapitalwertmethode, denn mit ihr zerlegen Sie letztlich nur den Kapitalwert in konstante Zahlungen.

Zur Ermittlung der Annuität verteilen Sie den Kapitalwert einer Investition unter Beachtung der Zinseszinsrechnung in mehrere gleich große Beträge (= Annuität). Die Entscheidungsregel lautet analog zur Kapitalwertmethode: »Ein Investitionsobjekt ist lohnend, wenn die Annuität positiv ist. Bei mehreren Investitionsalternativen wählen Sie das Investitionsobjekt mit der höchsten Annuität, sofern diese positiv ist und die Annuitäten gleich oft anfallen.«

Die Ermittlung der Annuität ist für einen Unternehmer sinnvoll, wenn er den Kapitalwert einer Investition nicht heute (das heißt in $t = 0$) für private Konsumzwecke entnehmen möchte, sondern eine gleichmäßige Entnahme in festen Raten (= Annuität) zur Abdeckung seines Lebensunterhalts bevorzugt. Auch gibt die Annuität den Betrag an, um den die Einzahlungsüberschüsse pro Jahr maximal sinken können, ohne dass das Investitionsprojekt unvorteilhaft wird.

Die Annuität a eines Investitionsobjekts können Sie berechnen, indem Sie den Kapitalwert K_0 durch den Rentenbarwertfaktor (den kennen Sie ja bereits aus den finanzmathematischen Grundlagen) dividieren:

$$a = K_0 \div \frac{(1+i)^n - 1}{(1+i)^n \cdot i}$$

Dabei ist a die Annuität in Euro.

Beispielsweise können Sie für die geplante Erweiterungsinvestition der Salamunter GmbH die Annuität (in Euro) wie folgt berechnen:

$$a = 789.631{,}86 : \frac{(1+0{,}1)^3 - 1}{(1+0{,}1)^3 \cdot 0{,}1}$$
$$= 789.631{,}86 : 2{,}486852$$
$$= 317.522{,}66 \, \text{Euro}$$

Da die Annuität positiv ist, sollte die Erweiterungsinvestition durchgeführt werden. Damit kommen Sie bei der Annuitätenmethode zum gleichen Ergebnis wie bei der Kapitalwertmethode, nur mit dem Unterschied, dass der Mehrwert gegenüber der Opportunitätsanlage nicht in einem Betrag (bezogen auf $t = 0$), sondern als konstante Rate ausgedrückt wird. Statt einer heutigen einmaligen Entnahme von knapp 790.000 Euro können die Gesellschafter der Salamunter GmbH den »Reichtumszuwachs« aus der Investition auch über drei Jahre verteilt in Raten von rund 317.522 Euro entnehmen.

Interner Zinsfuß

Interner Zinsfuß – seien wir ehrlich, dieses Wortungetüm klingt doch nicht besonders motivierend. Ich kann mich zu allem Überfluss auch noch daran erinnern, dass ich zu Beginn meiner Banklehre einmal in den Keller geschickt wurde, um den Zinsfuß zu holen ...

Damit Sie und andere den Begriff »interner Zinsfuß« einfacher verstehen, sagen Sie lieber:

✔ durchschnittliche Verzinsung des gebundenen Kapitals oder

✔ Rendite oder

✔ Rentabilität oder

✔ Effektivzins.

Mit diesen eher gebräuchlichen Begriffen ist nämlich genau das Gleiche gemeint.

Der *interne Zinsfuß* (mit r abgekürzt) gibt an, mit welcher Rendite sich das in einem Investitionsprojekt gebundene Kapital verzinst. Die Entscheidungsregel lautet: »Ein Investitionsobjekt ist lohnend, wenn der interne Zinsfuß größer als der Kalkulationszins ist.« Eine Investition lohnt sich, also immer dann, wenn ihre Rendite höher ist als die »normale« Verzinsung (Opportunitätszins), die Sie ansonsten erzielen können (beispielsweise bei einer Anlage am Kapitalmarkt).

Zur Berechnung ersetzen Sie in der Kapitalwertformel den Kalkulationszinsfuß i durch den gesuchten Zinsfuß r und setzen den Kapitalwert gleich 0.

$$K_o = 0 = -a_o + Z_1 \cdot \frac{1}{(1+r)^1} + Z_2 \cdot \frac{1}{(1+r)^2} + Z_3 \cdot \frac{1}{(1+r)^3} + \ldots + Z_n \cdot \frac{1}{(1+r)^n}$$

Zu unserem Beispiel: Für die Erweiterungsinvestition der Salamunter GmbH ergibt sich ein Interner Zinsfuß von 14,51 % (gerundet). Da die Rendite der Erweiterungsinvestition größer als der Kalkulationszinsfuß in Höhe von 10 % ist, sollte die Investition auch nach der internen Zinsfußmethode durchgeführt werden.

Bei der Berechnung des internen Zinsfußes r werden Sie aber schon bei einer Laufzeit von mehr als zwei Perioden mathematisch auf Schwierigkeiten stoßen, wenn Sie nicht gerade ein »Mathe-Ass« sind.

Aber man muss sich ja nur zu helfen wissen. Die Rendite einer Investition können Sie nämlich mithilfe diverser Internetadressen (siehe Kapitel 11, Abschnitt »Kennzahlen und Formeln berechnen«) oder einer Excel-Tabelle leicht ermitteln.

Bei der internen Zinsfußmethode sollten Sie jedoch nicht nur wegen verschiedener rechentechnischer Schwierigkeiten Vorsicht walten lassen. Sie kann auch zu Interpretationsproblemen führen, wenn Sie mehrere Investitionsprojekte miteinander vergleichen, die unterschiedliche Laufzeiten oder verschieden hohe Anschaffungsauszahlungen haben. Dann sind die Renditen nicht mehr vergleichbar, weil sie sich auf einen unterschiedlich hohen Kapitaleinsatz beziehen. Beim Vergleich mehrerer Investitionsalternativen sollten Sie daher nicht die Interne-Zinsfuß-Methode anwenden, sondern auf die Kapitalwertmethode zurückgreifen.

Vollständiger Finanzplan (VoFi)

Die dargestellten dynamischen Verfahren der Investitionsrechnung basieren auf der Annahme des vollkommenen Marktes. Damit können unter anderem steuerliche Überlegungen vernachlässigt und alle Zahlungen mit einem einheitlichen Kalkulationszinsfuß abgezinst werden. Sie werden mir aber zustimmen, dass diese vereinfachenden Annahmen nicht immer besonders realitätsnah sind.

Zur Kalkulation von Investitionsprojekten gibt es daher ein Verfahren, mit dem Sie die tatsächlichen Finanzierungsmöglichkeiten und Steuerverhältnisse individuell und situationsgerecht berücksichtigen können.

Der *Vollständige Finanzplan (VoFi)* ist ein einfaches und transparentes Verfahren der Investitionsrechnung, mit dem Sie neben den Ein- und Auszahlungen der Investition auch sämtliche Finanzierungs- und Steuerzahlungen in tabellarischer Form berücksichtigen können.

Finanzierungszahlungen entstehen durch die Aufnahme und Rückzahlung (inklusive Zinsen) eines Kredits oder durch die Anlage und Verzinsung überschüssiger Liquidität. Anstelle eines pauschalen Kalkulationszinsfußes können differenzierte Zinssätze für Kredite und Anlagen verwendet werden, die den tatsächlichen Finanzierungsbedingungen eines Unternehmens gerecht werden. Auch können alle die durch das Investitionsprojekt zusätzlich ausgelösten *Steuerzahlungen* berücksichtigt werden.

Um in unserem Beispiel den VoFi für die Erweiterungsinvestition der Salamunter GmbH aufstellen zu können, benötigen Sie ergänzende Informationen zu den Finanzierungs- und Steuerverhältnissen des Unternehmens. Gehen wir von den folgenden Annahmen aus:

✔ Die Finanzierung der Anschaffungsauszahlung von 9 Mio. Euro erfolgt durch freie eigene Mittel (= Eigenkapital) in Höhe von 5 Mio. Euro und durch einen Kontokorrentkredit von zunächst 4 Mio. Euro. Der Zinssatz, den das Unternehmen momentan für Kontokorrentkredite bezahlt, beträgt 16 %.

✔ Überschüssige Gelder werden zur Tilgung des Kontokorrentkredits verwendet oder ansonsten zu einem Zinssatz von 4 % angelegt.

✔ Das Unternehmen zahlt auf Gewinne einen Steuersatz s von 35 Prozent. Die Bemessungsgrundlage wird ab $t = 1$ für jede Periode wie folgt ermittelt:

Einzahlungsüberschuss

− Abschreibung

− Sollzinsen

+ Habenzinsen

= Bemessungsgrundlage für die Gewinnsteuer

Gewinnsteuer = s · Bemessungsgrundlage

Sollte die Gewinnsteuer negative Werte aufweisen, wird eine sofortige Steuererstattung durch den Fiskus unterstellt.

✔ Die Anschaffungsauszahlung für die Produktionsanlage wird linear über die Nutzungsdauer von drei Jahren abgeschrieben.

✔ Alle Zahlungen werden kaufmännisch auf volle Euro gerundet.

Wenn Sie die einzelnen Berechnungen Schritt für Schritt nachvollziehen möchten, lesen Sie bitte die Erklärungen dazu im entsprechenden Abschnitt von Kapitel 6 in *BWL für Dummies*.

5 ➤ Investitionsrechnung

Zeitpunkt	t_0	t_1	t_2	t_3
Zahlungsfolge der Investition	−9.000.000	+3.000.000	+4.000.000	+5.000.000
Eigenkapital				
Anfangsbestand	+5.000.000			
− Entnahme				
+ Einlage				
Kontokorrentkredit				
+ Aufnahme	+4.000.000			
− Tilgung		−2.584.000	−1.416.000	
− Sollzinsen (16 %)		−640.000	−226.560	
Standardanlage				
− Anlage			−2.086.736	−4.354.255
+ Auflösung				
+ Habenzinsen (4 %)				+83.469
Gewinnsteuer (s = 35 Prozent)				
− Steuerzahlung			−270.704	−729.214
+ Steuererstattung		+224.000		
Finanzierungssaldo	0	0	0	0
Bestandsgrößen				
Kreditbestand	4.000.000	1.416.000	0	
Guthabenbestand	0		2.086.736	6.440.991
Bestandssaldo	−4.000.000	−1.416.000	+2.086.736	**+6.440.991**

Tabelle 5.4: Vollständiger Finanzplan (VoFi)

Welche Erkenntnisse ermöglicht Ihnen der VoFi in Tabelle 5.4?

Der Bestandssaldo des VoFi am Ende der letzten Periode sagt Ihnen, wie hoch der Guthaben- oder Kreditbestand des Firmenkontos aufgrund der durch die Investition ausgelösten Ein- und Auszahlungen am Ende der Nutzungsdauer ist. Dieser Bestandssaldo wird als *Endwert* der Investition bezeichnet.

In unserem Beispiel der Salamunter GmbH beträgt der Endwert der Erweiterungsinvestition in t_3 genau 6.440.991 Euro. Hierzu wurden in $t = 0$ Eigenmittel in Höhe von 5.000.000 Euro eingesetzt. Damit Sie beurteilen können, ob die Investition lohnend ist, vergleichen Sie den Endwert der Investition mit dem Endwert der Opportunität (Alternativanlage des Eigenkapitals). Die Opportunität könnte beispielsweise darin bestehen, die Eigenmittel am Kapitalmarkt bei einem (mit der Investition) vergleichbaren Risiko anzulegen.

Sie können den Endwert der Opportunität ermitteln, indem Sie beispielsweise annehmen, das zur Verfügung stehende Eigenkapital in Höhe von 5.000.000 Euro könnte alternativ für drei Jahre zu 8% angelegt werden:

Endwert der Opportunität = 5.000.000 Euro · $1,08^3$ = 6.298.560 Euro

Jetzt können Sie den Endwert der Investition von 6.440.991 Euro mit dem Endwert aus der Kapitalanlage vergleichen. Der Differenzbetrag zwischen dem Endwert der Investition und dem Endwert der Opportunität wird als *zusätzlicher Endwert* bezeichnet. Im Beispiel beträgt der zusätzliche Endwert bei Durchführung der Investition 142.431 Euro (6.440.991 Euro – 6.298.560 Euro).

Beim VoFi ist eine Investition vorteilhaft, wenn der Endwert bei Durchführung der Investition (entspricht dem letzten Bestandssaldo des VoFi) größer ist als der Endwert der Opportunität. Diese Differenz wird als *zusätzlicher Endwert* bezeichnet. Ein positiver zusätzlicher Endwert gibt die absolute Höhe der *zusätzlichen* Vermögensmehrung am Ende der Nutzungsdauer der Investition an, die ein Unternehmer erzielt, wenn er statt der Opportunität die Investition durchführt.

Der zusätzliche Endwert entspricht in der Interpretation dem Kapitalwert, unterscheidet sich aber dadurch, dass er sich auf das Ende der Nutzungsdauer (im Beispiel t_3) bezieht, während der Kapitalwert immer auf t_0 bezogen ist. In unserem Beispiel fällt der zusätzliche Endwert deshalb deutlich niedriger als der Kapitalwert aus, weil im VoFi die Anfangsfinanzierung mit 16 % relativ teuer ist und auch die Steuerzahlungen berücksichtigt wurden.

Der VoFi ist eine relativ einfache und auch flexible Methode (der VoFi kann beliebig ausgebaut werden) zur Beurteilung von Investitionsvorhaben. Er arbeitet nicht mit Formeln, sondern jede Zahlung wird in der VoFi-Tabelle offengelegt. Der VoFi ermöglicht Ihnen, auch schwierigere Zusammenhänge (etwa hinsichtlich der Besteuerung oder der Zinsberechnung) auf nachvollziehbare Weise zu verdeutlichen. Mit seiner Hilfe können Sie beispielsweise auch Existenzgründungen, Immobilien oder komplexe Finanzanlagen bewerten. Problematisch ist aber die mangelnde Zurechenbarkeit von Finanzierungsvorgängen auf die betrachtete Investition.

Nutzwertanalyse

Möchten Sie sowohl quantitative als auch qualitative Kriterien bei einer Investitionsentscheidung berücksichtigen, können Sie die *Nutzwertanalyse* (auch *Scoring-Modell* genannt) einsetzen. Qualitative Entscheidungskriterien für eine Investitionsentscheidung sind beispielsweise:

- ✔ strategische Bedeutung der Investition
- ✔ Auswirkungen auf das Unternehmensimage
- ✔ Produktqualität
- ✔ Benutzerfreundlichkeit des Produkts
- ✔ Komplexität des Produktionsprozesses (Störanfälligkeit, Wartung)
- ✔ notwendige Qualifikation der Mitarbeiter
- ✔ Umweltverträglichkeit des Produkts und der Produktion

Bei der Nutzwertanalyse gehen Sie in folgenden Schritten vor:

1. **Bestimmung der Zielkriterien:** Sie legen die Zielkriterien fest. Dies sind die quantitativen und qualitativen Kriterien, anhand derer Sie die Investition beurteilen möchten.

2. **Gewichtung der Zielkriterien:** Je nach Bedeutung der einzelnen Kriterien legen Sie die Gewichtungsfaktoren für die Zielkriterien fest.

3. **Bestimmung der Teilnutzenwerte:** Sie bestimmen für alle Alternativen für jedes Kriterium den Nutzenwert n_i (zum Beispiel ungenügend = 1 Punkt, sehr gut = 6 Punkte).

4. **Ermittlung der Nutzwerte (N_i):** Sie addieren für jede Alternative i die Teilnutzenwerte n_i und erhalten so die Nutzwerte N_i der Investitionsalternativen. Die Formel dafür lautet:

$$N_i = n_{i1} \cdot g_1 + n_{i2} \cdot g_2 + n_{i3} \cdot g_3 + \ldots$$

Die Symbole bedeuten:

- N_i: Nutzwert der Alternative i
- n_{i1}: Teilnutzenwert des ersten Zielkriteriums für Alternative i
- g_1: Gewichtungsfaktor des ersten Zielkriteriums

5. **Investitionsentscheidung:** Sie wählen die Alternative mit dem höchsten Nutzwert.

In Tabelle 5.5 sehen Sie das Beispiel einer Nutzwertanalyse für eine Investitionsentscheidung für die drei Investitionsalternativen A, B und C.

Faktoren Kriterien	Gewichte	Bewertungsschema ungenügend bis sehr gut	Ergebnis für A	Ergebnis für B	Ergebnis für C
Wirtschaftlichkeit (quantitativ):					
Kapitalwert	0,4	1 2 3 4 5 6	0,4 · 2	0,4 · 3	0,4 · 5
Wirtschaftlichkeit (qualitativ):					
Strategische Bedeutung	0,1	1 2 3 4 5 6	0,1 · 5	0,1 · 4	0,1 · 3
Imagewirkung	0,1	1 2 3 4 5 6	0,1 · 4	0,1 · 6	0,1 · 2
Technik:					
Produktqualität	0,2	1 2 3 4 5 6	0,2 · 4	0,2 · 5	0,2 · 3
Produktion	0,1	1 2 3 4 5 6	0,1 · 4	0,1 · 5	0,1 · 3
Umweltverträglichkeit:					
Produkt	0,05	1 2 3 4 5 6	0,05 · 5	0,05 · 6	0,05 · 3
Produktion	0,05	1 2 3 4 5 6	0,05 · 4	0,05 · 4	0,05 · 2
Summen/ Ergebnisse	1,0		3,35	4,2	3,65

Tabelle 5.5: Investitionsentscheidung auf Basis einer Nutzwertanalyse

Die Nutzwertanalyse zeigt Ihnen, dass die Investition C bei den quantifizierbaren wirtschaftlichen Kriterien mit 2 Punkten (0,4 · 5 Punkte) gegenüber den beiden anderen Investitionsalternativen (A: 0,8 Punkte; B: 1,2 Punkte) am besten abschneidet, weil sie wohl den höchsten Kapitalwert hat. Trotzdem hat sie mit insgesamt 3,65 Punkten nicht den höchsten Nutzwert, da die beiden anderen Investitionen bei den qualitativen Kriterien besser abschneiden. Den höchsten Nutzwert hat Alternative B mit 4,2 Punkten, die Sie daher auch durchführen sollten.

Finanzierung: Die Kapitalkosten minimieren

In diesem Kapitel ...

▶ Den Kapitalbedarf bestimmen

▶ Die Bedeutung des Kapitalumschlags erkennen

▶ Den Effektivzins berechnen

▶ Den Leverage-Effekt verstehen

▶ Aktien bewerten

---

*B*ei der Finanzierung geht es zunächst darum, den Kapitalbedarf des Unternehmens zu ermitteln und das notwendige Kapital dann möglichst kostengünstig zu beschaffen.

Wenn Sie mehr über Finanzierung erfahren möchten, sollten Sie Kapitel 5 in *BWL für Dummies* lesen.

Kapitalbedarf und Kapitalumschlag

Die Beschaffung von Produktionsfaktoren, insbesondere die Ausweitung des Anlage- und Umlaufvermögens zum Beispieldurch den Aufbau einer neuen Produktionsanlage, führt im Unternehmen zu einem zusätzlichen Kapitalbedarf. Diesen sollten Sie im Rahmen einer Kapitalbedarfsplanung ermitteln und durch geeignete Finanzierungsmaßnahmen abdecken.

Den *strukturellen Kapitalbedarf* eines Unternehmens können Sie mithilfe der Kapitalbedarfsplanung ermitteln, während Sie den eher *kurzfristigen Liquiditätsbedarf* mithilfe der Finanzplanung feststellen können.

Der Finanzbedarf ist umso höher,

✔ je stärker die Auszahlungen die Einzahlungen übersteigen,

✔ je weiter die mit der Beschaffung der Produktionsfaktoren ausgelösten Aus- und Einzahlungen zeitlich auseinanderliegen. Der Finanzbedarf steigt beispielsweise dann an, wenn die Kunden ihre Rechnungen immer später bezahlen.

Zur Ermittlung des Finanz- und Kapitalbedarfs stehen Ihnen die folgenden beiden Methoden zur Verfügung:

✔ **Bilanzorientierte Ermittlung des Gesamtkapitalbedarfs:** Hierzu ermitteln Sie den Kapitalbedarf auf der Grundlage von Planbilanzen. Die Aktivseite der Bilanz zeigt Ihnen dabei den Kapitalbedarf an. Bei der Erstellung der Passivseite können Sie dann die geplanten Finanzierungsmaßnahmen berücksichtigen.

✔ **Zahlungsorientierte Ermittlung des Gesamtkapitalbedarfs:** Bei dieser Methode stellen Sie für den Planungszeitraum die kumulierten, das heißt die Summe aller bis zum Planungsende insgesamt geplanten Ein- und Auszahlungen gegenüber und errechnen aus der Differenz den noch zu deckenden Kapitalbedarf. Bei den Einzahlungen berücksichtigen Sie die Umsatzerlöse und gegebenenfalls die schon feststehenden Finanzierungsmaßnahmen. Diese Methode ähnelt sehr stark dem Vollständigen Finanzplan (VoFi), zu dem Sie Details in Kapitel 5 finden.

Hier ein Beispiel zur bilanzorientierten Bestimmung des Kapitalbedarfs: Der Vorstand der Salamunter GmbH hat aufgrund der Gewinnvergleichsrechnung beschlossen, den neuen Schuhtyp »Wellness« im Inland zu produzieren und dafür eine neue Produktionsstätte zu errichten. Die Abschätzung des dabei entstehenden Kapitalbedarfs erfolgt anhand der in Tabelle 6.1 gezeigten Planbilanz (zur Vereinfachung wird nur die Aktivseite abgebildet).

	Geschäftsjahr 1	Geschäftsjahr 2	Geschäftsjahr 3
Anlagevermögen			
Gebäude und Maschinen	12 Mio. Euro	10 Mio. Euro	8 Mio. Euro
Ingangsetzung	3 Mio. Euro	2 Mio. Euro	1 Mio. Euro
Umlaufvermögen			
Vorräte	4 Mio. Euro	5 Mio. Euro	6 Mio. Euro
Forderungen	1 Mio. Euro	2 Mio. Euro	3 Mio. Euro
Gesamtkapitalbedarf	20 Mio. Euro	19 Mio. Euro	18 Mio. Euro

Tabelle 6.1: Bilanzorientierte Kapitalbedarfsermittlung

6 ➤ Finanzierung: Die Kapitalkosten minimieren

Aus Tabelle 6.1 können Sie ersehen, dass der zusätzliche strukturelle Gesamtkapitalbedarf der Salamunter GmbH für die nächsten drei Jahre zwischen 18 und 20 Mio. Euro liegt. Daher ist zu überlegen, diesen strukturellen Gesamtkapitalbedarf durch eine langfristige Finanzierungsmaßnahme (zum Beispiel einen mehrjährigen Bankkredit) abzudecken, sofern das Unternehmen den Kapitalbedarf nicht aus der eigenen Finanzkraft abdecken kann.

 Wie Sie erkennen können, wird der Gesamtkapitalbedarf sowohl durch das *Anlagevermögen* (Grundstücke, Gebäude, Maschinen, Aufwendungen für die Gründung und Ingangsetzung des Geschäftsbetriebs, Betriebs- und Geschäftsausstattung) als auch durch das *Umlaufvermögen* verursacht. Da die Kapitalkosten auch von der Höhe des Kapitalbedarfs abhängen, versuchen die Unternehmen natürlich, den Kapitalbedarf möglichst gering zu halten. Um den Kapitalbedarf im Umlaufvermögen (Vorräte, Forderungen, liquide Mittel) zu minimieren, ist es wichtig, einen möglichst hohen Kapitalumschlag für das Umlaufvermögen zu erreichen.

Gut, dass die folgenden Formeln Ihnen dabei helfen, den Kapitalumschlag und den daraus resultierenden Kapitalbedarf im Unternehmen festzustellen:

✔ **Kapitalumschlagshäufigkeit pro Jahr bei Vorräten (Lagerumschlagshäufigkeit):**

$$\frac{360 \text{ Tage}}{\text{durchschnittliche Lagerdauer}}$$

✔ **Kapitalumschlagshäufigkeit pro Jahr bei Forderungen (Forderungsumschlagshäufigkeit):**

$$\frac{360 \text{ Tage}}{\text{durchschnittliche Forderungsdauer}}$$

✔ **Kapitalbedarf bei Vorräten:**

$$\frac{\text{Umsatz p.a.}}{\text{Lagerumschlagshäufigkeit}}$$

✔ **Kapitalbedarf bei Forderungen:**

$$\frac{\text{Umsatz p.a.}}{\text{Forderungsumschlagshäufigkeit}}$$

Zurück zu unserem Schuhhersteller-Beispiel: Die Salamunter GmbH erwartet durch die Betriebserweiterung im ersten Jahr einen zusätzlichen jährlichen Umsatz von 48 Mio. Euro. Es wird eine durchschnittliche Lagerdauer von 30 Tagen und eine durchschnittliche Forderungsdauer von nur 7,5 Tagen erwartet. Daraus ergibt sich der folgende Kapitalbedarf:

✔ Der Kapitalbedarf für die Vorräte beträgt:

$$\frac{48 \text{ Mio. Euro}}{360 \text{ Tage} : 30 \text{ Tage}} = 4 \text{ Mio. Euro}$$

✔ Der Kapitalbedarf für die Forderungen beträgt:

$$\frac{48 \text{ Mio. Euro}}{360 \text{ Tage} : 7,5 \text{ Tage}} = 1 \text{ Mio. Euro}$$

Wie kann sich ein Unternehmen finanzieren? Dazu gibt es verschiedene Möglichkeiten. Das Unternehmen kann (übrigens genau wie Privatpersonen) seine finanzielle Lage verbessern, indem es

✔ sich zusätzliche Einzahlungen verschafft, zum Beispiel durch mehr Verkäufe oder durch einen Kredit;

✔ dafür sorgt, dass Einzahlungen früher zu einem Geldzugang führen, zum Beispiel dadurch, dass die eigenen Kunden beim Kauf direkt, das heißt sofort und nicht erst später zahlen;

✔ Auszahlungen (und damit Geldabgänge) vermeidet, zum Beispiel durch Einsparungen oder durch höhere Rabatte bei den Lieferanten;

✔ Auszahlungen (und damit Geldabgänge) hinauszögert, zum Beispiel indem die Lieferanten erst später bezahlt werden.

Finanzierung bedeutet die Bereitstellung finanzieller Mittel durch zusätzliche oder frühere Einzahlungen sowie durch Vermeidung oder Hinauszögerung von Auszahlungen. Näheres zu den einzelnen Finanzierungsmöglichkeiten und Finanzierungsinstrumenten eines Unternehmens können Sie im fünften Kapitel von *BWL für Dummies* erfahren.

Dabei sollten Sie darauf achten, dass sich das Unternehmen möglichst kostengünstig finanziert, denn auch die Kapitalinanspruchnahme verursacht Kosten, zum Beispiel in Form von Zinsaufwendungen. Bei der Bestimmung der günstigsten Finanzvariante hilft Ihnen der Effektivzins.

6 ▶ Finanzierung: Die Kapitalkosten minimieren

Effektivzinsbestimmung

Der *Effektivzins* ist eigentlich nichts anderes als der interne Zinsfuß einer Zahlungsreihe. Wenn Sie also den Zahlungsstrom (das heißt sämtliche mit dem Kredit oder einer Anleihe verbundenen Ein- und Auszahlungen) kennen, können Sie über die Formel des internen Zinsfußes den Effektivzins bestimmen. In der Praxis sind die Banken gesetzlich nach der Preisangabenverordnung (§ 6 Abs. 1 PAngV) verpflichtet, den effektiven Jahreszins in ihrem Angebot anzugeben, um einen Kreditvergleich zu ermöglichen. Letztlich müssen dadurch auch alle Bankcomputer den auszuweisenden Effektivzins nach der Internen-Zinsfuß-Methode berechnen.

Eine relativ unkomplizierte Methode zur Bestimmung des effektiven Jahreszinses ist die sogenannte *Uniform-Methode*, die vom Bundesgerichtshof zu Nachprüfzwecken anerkannt wird und insbesondere bei Ratenkrediten mit konstanten Monatsraten eine gute Annäherung an den Effektivzins darstellt:

$$\text{Effektiver Jahreszins} = \frac{\text{Kreditkosten}}{\text{Nettodarlehensbetrag}} \cdot \frac{24}{(\text{Laufzeit in Monaten}) + 1} \cdot 100$$

Die Formelparameter können Sie wie folgt bestimmen:

Kreditkosten: Zinsen + Bearbeitungsgebühren + evtl. Restschuldversicherung

Nettodarlehensbetrag: Auszahlungsbetrag der Bank

Nehmen Sie folgendes Beispiel: Herr Autogern hat zur Finanzierung seines neuen Autos einen Ratenkredit zu den folgenden Konditionen aufgenommen: 20.000,00 Euro; Zinssatz: 0,5% pro Monat; Laufzeit: 60 Monate; Bearbeitungsgebühr: 2 %; Auszahlungsbetrag: 20.000 Euro.

Den effektiven Jahreszins können Sie nach der Näherungsformel wie folgt bestimmen:

Berechnung der Kreditkosten = Zinsen + Bearbeitungsgebühren

= 0,50 %/Monat · 20.000 Euro · 60 Monate + 2 % · 20.000 Euro = 6.400 Euro

$$\text{Effektiver Jahreszins} = \frac{6.400 \text{ Euro}}{20.000 \text{ Euro}} \cdot \frac{24}{60 + 1} \cdot 100 = 12{,}59\,\%$$

 Verwechseln Sie den Effektivzins bitte nicht mit dem Nominalzins, der nur der Zinsberechnung dient und nicht mit den tatsächlichen Kreditkosten übereinstimmt.

Wenn Sie für Ihr Unternehmen oder privat einen Bankkredit aufnehmen möchten, sollten Sie unterschiedliche Angebote einholen und das Angebot mit dem niedrigsten Effektivzins auswählen.

Lieferantenkredit

Manchmal finanzieren sich Unternehmen statt über einen Bankkredit über einen sogenannten *Lieferantenkredit*. Ein Lieferantenkredit entsteht dadurch, dass der Lieferant dem Unternehmen bei sofortiger Zahlung einen Skontoabzug gewährt, das Unternehmen aber darauf verzichtet und stattdessen das Zahlungsziel (meist zwischen 30 und 90 Tagen) in Anspruch nimmt. Bei einem Verzicht auf Skontoabzug kann man den Effektivzins eines Lieferantenkredits näherungsweise über die folgende Formel berechnen:

$$\text{Effektiver Jahreszins in \%} = \frac{\text{Skontosatz} \cdot 360}{\text{Zahlungsziel} - \text{Skontofrist}}$$

In unserem Beispiel hat die Salamunter GmbH eine Lieferung von Spezialleder zur Schuhverarbeitung bekommen. Der Lieferant hat als Zahlungsbedingungen festgelegt, dass die Zahlung spätestens innerhalb von 30 Tagen zu erfolgen hat. Falls die Salamunter GmbH innerhalb von fünf Tagen bezahlt, kann sie einen Skontoabzug von drei Prozent in Anspruch nehmen.

Wie hoch ist der jährliche Effektivzins des Lieferantenkredits?

$$\text{Effektiver Jahreszins in \%} = \frac{3 \cdot 360 \text{ Tage}}{30 \text{ Tage} - 5 \text{ Tage}} = 43{,}2\,\%$$

Das obige Beispiel zeigt Ihnen, dass Lieferantenkredite zwar formlos und bequem sind, aber auch *sehr teuer* sein können. Hinzu kommt, dass sich die Lieferanten zur Absicherung ihrer Forderung nicht selten einen Eigentumsvorbehalt einräumen lassen. Der Lieferant behält dann das Eigentum an der gelieferten Ware, bis diese restlos bezahlt ist. Auch besteht die Gefahr, dass man vom Lieferanten abhängig wird. Daher kann es manchmal besser sein, bei einer Bank einen Kredit aufzunehmen und auf den Lieferantenkredit zu verzichten.

Gesamtkapitalkosten

Leider ist es zur Minimierung der Kapitalkosten nicht allein ausreichend, auf den Effektivzins zu achten. Die gesamten Kapitalkosten eines Unternehmens hängen nämlich von mehreren Komponenten ab:

6 ➤ Finanzierung: Die Kapitalkosten minimieren

✔ **Eigenkapitalkosten:** Sie entsprechen der erwarteten Rendite der Eigenkapitalgeber mit:

$$\text{Eigenkapitalrendite} = r_{EK} = \frac{\text{Gewinn}}{\text{Eigenkapital}} \cdot 100$$

✔ **Fremdkapitalkosten:** Ein Vorteil der Fremdfinanzierung liegt darin, dass die Fremdkapitalzinsen im Gegensatz zur Gewinnausschüttung bei der Gewinnermittlung abzugsfähig sind (sogenanntes *taxshield*):

$$\text{Fremdkapitalkosten} = r_{FK} \cdot (1-s)$$

mit s = Gewinnsteuersatz

✔ **Kapitalstruktur:** Da die Eigenkapitalgeber das höhere Risiko tragen, gilt tendenziell: Eigenkapital ist teurer als Fremdkapital. Daher sind die Gesamtkapitalkosten auch davon abhängig, wie sich das Gesamtkapital (GK) des Unternehmens aus Eigenkapital (EK) und Fremdkapital (FK) zusammensetzt. Um die Kapitalstruktur zu berücksichtigen, werden daher die Eigen- und die Fremdkapitalquote berechnet:

$$\text{Eigenkapitalquote} = \frac{EK}{GK}$$

$$\text{Fremdkapitalquote} = \frac{FK}{GK}$$

Wenn Sie die beiden Werte als Prozentgröße ausdrücken möchten, müssen Sie die beiden Quotienten noch mit 100 multiplizieren. Zusammenfassend können Sie daher die durchschnittlichen Gesamtkapitalkosten r (englisch: *Weighted Average Cost of Capital*, WACC abgekürzt) eines Unternehmens wie folgt berechnen:

$$r = r_{FK} \cdot (1-s) \cdot \frac{FK}{GK} + r_{EK} \cdot \frac{EK}{GK}$$

In unserem Beispiel möchte der Vorstand der Salamunter GmbH gerne von Ihnen wissen, wie hoch die aktuellen durchschnittlichen Kapitalkosten sind und wie sich eine von den Banken geforderte Erhöhung der Eigenkapitalquote auf die Kapitalkosten auswirken würde. Dazu liegen Ihnen die folgenden Daten vor:

✔ r_{FK} = Fremdkapitalkosten = 8 %

✔ r_{EK} = Eigenkapitalkosten = 12 %

✔ s = Gewinnsteuersatz = 35 % (Körperschaft- und Gewerbeertragsteuer)

✔ FK = Fremdkapital = 300 Mio. Euro

✔ EK = Eigenkapital aktuell = 30 Mio. Euro

✔ GK = Gesamtkapital = 330 Mio. Euro

✔ Geplante Eigenkapitalerhöhung: 15 Mio. Euro

Die durchschnittlichen Kapitalkosten betragen aktuell:

$$r = 0{,}08 \cdot (1 - 0{,}35) \cdot \frac{300 \text{ Mio. Euro}}{330 \text{ Mio. Euro}} + 0{,}12 \cdot \frac{30 \text{ Mio. Euro}}{330 \text{ Mio. Euro}}$$
$$= 0{,}04727 + 0{,}0109 = 0{,}05818 = 5{,}818\,\%$$

Nach der Kapitalerhöhung des Eigenkapitals auf 45 Millionen Euro und des Gesamtkapitals auf 345 Millionen Euro ergeben sich bei gleichbleibenden Kapitalkostensätzen durchschnittliche Kapitalkosten in Höhe von:

$$r = 0{,}08 \cdot (1 - 0{,}35) \cdot \frac{300 \text{ Mio. Euro}}{345 \text{ Mio. Euro}} + 0{,}12 \cdot \frac{45 \text{ Mio. Euro}}{345 \text{ Mio. Euro}}$$
$$= 0{,}04522 + 0{,}01565 = 0{,}06087 = 6{,}087\,\%$$

Durch die Erhöhung des Eigenkapitals steigen die durchschnittlichen Kapitalkosten der Salamunter GmbH. Daher könnte man auf die Idee kommen, dass sich das Unternehmen möglichst nur mit Fremdkapital finanzieren sollte, um die Kapitalkosten zu minimieren. Aber leider geht es so einfach nicht. Das Problem liegt darin, dass die Eigen- und Fremdkapitalkosten nicht festgeschrieben sind, sondern von der Kapitalstruktur des Unternehmens abhängen. Je weniger Eigenkapital ein Unternehmen nämlich aufweist, desto schlechter ist die Bonität und umso höher ist der Fremdkapitalzins, den die Bank fordern wird. Da bei einer geringen Eigenkapitaldecke auch die einzelnen Eigenkapitalgeber ein höheres Risiko tragen, werden auch sie eine höhere Eigenkapitalrendite erwarten. Noch schlimmer: Weist das Unternehmen nur ein geringes Eigenkapitalpolster aus, kann es sogar passieren, dass es gar keinen Kredit mehr bekommt, weil den Banken das Ausfallrisiko zu groß wird. Daher kann man die durchschnittlichen Kapitalkosten nicht einfach dadurch senken, dass man nur noch Fremdkapital aufnimmt.

Leverage-Effekt

Die Eigenkapitalrentabilität spielt im Rahmen des Finanzmanagements eine wichtige Rolle, da die Eigenkapitalgeber – wie jeder Investor, der Risiken eingeht – eine möglichst hohe Rendite erzielen möchten.

6 ➤ Finanzierung: Die Kapitalkosten minimieren

 Durch die Nutzung des *Leverage-Effekts* können Sie die Eigenkapitalrentabilität allein durch den vermehrten Einsatz von Fremdkapital verbessern. Dazu verändern Sie nichts beim eigentlichen (operativen) Geschäft des Unternehmens, sondern Sie finanzieren das Unternehmen verstärkt durch Fremdkapital. Dieser Hebeleffekt des Fremdkapitals ist insbesondere für Unternehmen mit einer vergleichsweise schlechten Eigenkapitalrendite interessant.

Die Formel für den Leverage-Effekt lautet:

$$r_{EK} = r + \frac{\text{Fremdkapital}}{\text{Eigenkapital}} \cdot (r - r_{FK})$$

mit: r = Gesamtrendite

Nehmen Sie einmal an, die Klausur AG habe einen Kapitalbedarf von 100 Mio. Euro, der zunächst ausschließlich mit Eigenkapital (EK) finanziert wird. Aus dem operativen Geschäft erzielt sie ein Betriebsergebnis von 10 Mio. Euro, was zu einer Gesamtrendite von

$$r = \frac{10 \text{ Mio. Euro}}{100 \text{ Mio. Euro}} \cdot 100 = 10\,\%$$

führt. Für Fremdkapital (FK) beträgt der Zins r_{FK} 5 %. Wie verändert sich die Eigenkapitalrentabilität r_{EK} nach der oben stehenden Leverage-Formel, wenn die Klausur AG sich immer stärker mit Fremdkapital finanzieren würde? Da durch eine veränderte Finanzierungsstruktur

$$\frac{\text{Fremdkapital}}{\text{Eigenkapital}} = \frac{FK}{EK},$$

auch Verschuldungsgrad genannt, das operative Geschäft und der Gesamtkapitalbedarf von 100 Millionen Euro ja unverändert bleiben, erzielt die Klausur AG stets einen Betriebsergebnis (BE) von 10 Mio. Euro und folglich eine Gesamtrendite von 10 %. In der folgenden Tabelle 6.2 wird die Eigenkapitalrentabilität r_{EK} über die Leverage-Formel für verschiedene Verschuldungsgrade berechnet.

Wie Sie aus Tabelle 6.2 erkennen, lässt sich auch bei unverändertem operativem Geschäft die Eigenkapitalrentabilität r_{EK} allein dadurch erhöhen, dass sich das Unternehmen verstärkt durch Fremdkapital anstelle von Eigenkapital finanziert. Sie können also die Eigenkapitalrentabilität durch eine Erhöhung des Verschuldungsgrades verbessern. Im Beispiel erhöht sich die Eigenkapitalrentabilität in den beiden untersuchten Extremfällen von 10 % auf astronomische 505 %.

BWL-Formeln für Dummies

EK (Mio. Euro)	FK (Mio. Euro)	FK/EK	BE (Mio. Euro)	r	i	r_{EK}
100	0	0	10	10 %	5 %	10 %
80	20	0,25	10	10 %	5 %	11,25 %
60	40	0.67	10	10 %	5 %	13,33 %
40	60	1,5	10	10 %	5 %	17,5 %
20	80	4	10	10 %	5 %	30 %
1	99	99	10	10 %	5 %	505 %

Tabelle 6.2: Leverage-Effekt

Aber Achtung! Der Leverage-Effekt führt nur dann zu einer Verbesserung der Eigenkapitalrendite, wenn der Klammerausdruck $(r - r_{FK})$ einen positiven Wert aufweist. Tritt der umgekehrte Fall ein und die Gesamtrendite r ist kleiner als der Fremdkapitalzins r_{FK}, ist die Eigenkapitalrendite r_{EK} kleiner als r, sie kann sogar negativ werden. Dieser negative Effekt auf die Eigenkapitalrendite ist umso stärker, je höher der Quotient aus Fremdkapital/Eigenkapital (Verschuldungsgrad) ist. Eine Erhöhung des Verschuldungsgrades ist daher auch aus diesem Grunde für ein Unternehmen nicht ungefährlich.

Nun wissen Sie, dass sich Unternehmen nicht nur mit Fremdkapital, sondern auch in ausreichendem Maße mit Eigenkapital finanzieren sollten. Für eine Aktiengesellschaft bedeutet dies, dass sie ihr Eigenkapital durch einbehaltene Gewinne oder durch die Ausgabe von Aktien erhöhen sollte (mehr zum Thema Kapitalerhöhung durch Aktien und über Aktienarten können Sie in *BWL für Dummies*, Kapitel 5, nachlesen). Im Folgenden lernen Sie einige Kennzahlen kennen, mit denen Sie Aktien besser beurteilen können. Wenn Sie selbst eine Aktie kaufen möchten, möchten Sie ja schließlich einschätzen können, ob sie auch einen fairen Preis bezahlen und sich der Kauf lohnen könnte. Das ist auch für Aktiengesellschaften selbst wichtig, denn schließlich möchten diese, dass ihre Aktien möglichst positiv bewertet werden und sie Kapitalerhöhungen erfolgreich durchführen kann.

Aktienbewertung

Im letzten Abschnitt dieses Kapitels erfahren Sie mehr über einige der wichtigsten Kennzahlen und Formeln rund um Aktien:

- ✔ Gewinn pro Aktie
- ✔ Dividendenrendite
- ✔ Kurs-Gewinn-Verhältnis

Gewinn pro Aktie

$$\text{Gewinn pro Aktie} = \frac{\text{Jahresüberschuss}}{\text{Anzahl der Aktien}}$$

Die Kennzahl *Gewinn pro Aktie* sagt Ihnen, wie viel Gewinn ein Unternehmen pro Aktie erwirtschaften konnte (Sie können dabei aber auch den geschätzten künftigen Gewinn verwenden). Sie gibt Ihnen Auskunft über die Ertragskraft der Aktie. Da ein Unternehmen auf Dauer nicht mehr als seinen Jahresgewinn ausschütten kann, gibt diese Kennzahl einen Hinweis auf die maximal mögliche Ausschüttung (Dividende) an die Aktionäre. Sie benötigen diese Kennzahl zudem, wenn Sie weiter hinten in diesem Kapitel das Kurs-Gewinn-Verhältnis berechnen möchten.

Dividendenrendite

$$\text{Dividendenrendite} = \frac{\text{Dividende}}{\text{Kurs pro Aktie}} \cdot 100$$

Bei der *Dividendenrendite* setzen Sie die Ausschüttungen einer Aktiengesellschaft pro Aktie (Dividende) ins Verhältnis zum jeweils aktuellen Aktienkurs. Daraus errechnen Sie eine Art von »Rendite«, die Sie als Anleger bei einem Investment in diese Aktie erhalten. Diese können Sie dann mit den Renditen anderer Anlageformen wie Festgeldern oder Spareinlagen vergleichen. Dabei sollten Sie allerdings Vorsicht walten lassen, da Aktien auch ein Kursrisiko haben und sich auch die Dividendenzahlungen der Aktiengesellschaften aufgrund von Gewinnschwankungen schnell verändern können. Dividendenrenditen sind daher keine konstanten Größen und können sich schnell wandeln. Die Dividendenrendite der größten 30 deutschen börsennotierten Unternehmen liegt durchschnittlich zwischen 2 % und 4 % pro Jahr.

Kurs-Gewinn-Verhältnis (KGV)

$$KGV = \frac{\text{Aktienkurs}}{\text{Gewinn pro Aktie}}$$

Lohnt es sich für Sie, jetzt eine bestimmte Aktie zum aktuellen Kurs zu kaufen oder sollten Sie lieber die Finger davon lassen? Eine wichtige Kennzahl zur Beantwortung dieser Frage ist das *Kurs-Gewinn-Verhältnis (KGV)*. Zur Berechnung setzen Sie den aktuellen Kurs der Aktie ins Verhältnis zum Unternehmensgewinn pro Aktie (siehe oben). Sie können dabei auch wieder den geschätzten künftigen Gewinn zugrunde legen. Das KGV zeigt Ihnen an, mit dem Wievielfachen des aktuellen oder zukünftigen Gewinns eine Aktiengesellschaft im Moment bewertet ist. Eine Faustregel besagt, dass bei einem KGV von unter 12 eine Aktie in der Regel als preiswert einzustufen ist. Liegt das KGV hingegen über 20 oder noch deutlich höher, erscheint sie eher als teuer. Um das KGV besser interpretieren zu können, sollten Sie das KGV Ihrer Aktie immer mit denen anderer Aktien der gleichen Branche vergleichen und sich die Entwicklung über die letzten Monate und Jahre ansehen.

Schauen Sie sich nun abschließend ein umfassendes Beispiel zu den Kennzahlen zur Aktienanalyse an. Die Deutsche Beispiel AG verfügt aktuell über die folgenden Kennzahlen:

✔ Geschätzter Jahresüberschuss für das laufende Geschäftsjahr: 100 Mio. Euro

✔ Aktien im Umlauf: 50 Mio. Stück

✔ Letzte Dividende: 1 Euro pro Aktie

✔ Aktueller Aktienkurs: 20 Euro

Daraus können Sie jetzt die Kennzahlen wie folgt berechnen:

$$\text{Gewinn pro Aktie} = \frac{\text{Jahresüberschuss}}{\text{Anzahl der Aktien}} = \frac{100 \text{ Mio. Euro}}{50 \text{ Mio. Stück}} = 2 \text{ Euro pro Aktie}$$

$$\text{Dividendenrendite} = \frac{\text{Dividende}}{\text{Kurs pro Aktie}} \cdot 100 = \frac{1 \text{ Euro}}{20 \text{ Euro}} \cdot 100 = 5 \%$$

$$KGV = \frac{\text{Aktienkurs}}{\text{Gewinn pro Aktie}} = \frac{20 \text{ Euro}}{2 \text{ Euro}} = 10$$

Die Kennzahlen deuten darauf hin, dass ein Kauf von Aktien der Deutschen Beispiel AG möglicherweise lohnend sein könnte, da das KGV relativ niedrig ist und auch die Dividendenrendite nicht unattraktiv erscheint.

6 ➤ Finanzierung: Die Kapitalkosten minimieren

 Behandeln Sie die Kennzahlen zur Aktienanalyse immer mit einer gewissen Vorsicht. Zum einen basieren die Aktienkennzahlen auf vergangenheitsbezogenen Bilanzwerten, sagen also nur bedingt etwas über die Zukunft aus. Basieren sie auf Zukunftswerten, so kann sich der Analyst, der die Daten schätzt, natürlich auch irren. Zum anderen darf man nie vergessen, dass Aktienkurse – wie alle Marktpreise – aus Angebot und Nachfrage resultieren. Angebot und Nachfrage wird meist von Menschen ausgelöst, die im Gegensatz zur Theorie nicht immer rational handeln (Stichwort Herdentrieb). Daher können Ihnen diese Kennzahlen nur Anhaltspunkte liefern, ob sich der Kauf (oder Verkauf) einer Aktie möglicherweise lohnen könnte. Dabei sollte man sich stets bewusst sein, dass Aktien Risikopapiere mit allen daraus resultierenden Chancen und Risiken sind.

Teil III
Formeln für das Rechnungswesen

»Es tut mir leid, aber der König hat das Budget für weitere Narren zusammengekürzt. Er sagt, es seien schon genug Narren an diesem Projekt beteiligt.«

In diesem Teil ...

Im dritten Teil der Formelsammlung erfahren Sie Näheres zu den wichtigsten Formeln des Rechnungswesens. Um ein Unternehmen führen, steuern und beurteilen zu können, muss man genau wissen, wie es um das Unternehmen steht. Die hierfür notwendigen Informationen und Daten liefert das externe und interne Rechnungswesen des Unternehmens. Das externe Rechnungswesen liefert die Daten für die Jahresabschlussanalyse, die ich Ihnen im siebten Kapitel vorstelle. Die Zahlen des internen Rechnungswesens benötigen Sie für die Kostenrechnung und das Controlling, deren Kennzahlen Sie im achten Kapitel kennenlernen.

Jahresabschlussanalyse: Investoren und Banken mit guten Kennzahlen erfreuen

In diesem Kapitel ...

- Vermögensstrukturanalyse: Wie ist das Kapital eingesetzt?
- Finanzierungsregeln: Ist das Unternehmen langfristig richtig finanziert?
- Liquiditätsgrade und Working Capital: Wie steht es um die Zahlungsfähigkeit?
- Cashflow: Wie sind Mittelzufluss und Mittelverwendung?
- Kapitalstruktur: Wie ist das Unternehmen finanziert?
- Rentabilitätskennzahlen und Kennzahlensysteme: Ist das Unternehmen profitabel?

*D*as *externe Rechnungswesen* dient der Rechenschaftslegung und Information außenstehender Adressaten. Dies sind die Gesellschafter des Unternehmens (bei einer Aktiengesellschaft also die Aktionäre), die Gläubiger (Banken und Lieferanten), die Finanzbehörden, die Mitarbeiter und die interessierte Öffentlichkeit. Die wichtigsten Instrumente des externen Rechnungswesens sind der Geschäftsbericht (Bilanz, Gewinn-und-Verlust-Rechnung, Anhang und Lagebericht) und die Steuerbilanz.

Der Geschäftsbericht und seine Bestandteile

Der Geschäftsbericht ist für Außenstehende das wichtigste Informationsinstrument, um ein Unternehmen analysieren zu können. Der Geschäftsbericht setzt sich aus den folgenden Bestandteilen zusammen:

1. **Bilanz:** Hier werden Vermögen und Kapital (das heißt Eigen- und Fremdkapital) zu einem Stichtag gegenübergestellt. Die Bilanz ermöglicht Ihnen die Beurteilung der Vermögens- und Finanzlage.
2. **Gewinn-und-Verlust-Rechnung (GuV):** Hier wird der Erfolg eines Geschäftsjahres durch Gegenüberstellung von Erträgen und Aufwendungen ermittelt.

Das Jahresergebnis ist die Grundlage für die Ertragsbeurteilung und Rentabilitätsberechnungen.

3. **Anhang:** Im Anhang werden detaillierte Informationen zu einzelnen Positionen der Bilanz und der Gewinn-und-Verlust-Rechnung bereitgestellt.
4. **Lagebericht:** Hier wird die Geschäftsentwicklung des Unternehmens genauer erläutert und es wird ein Ausblick auf die erwartete weitere Entwicklung gegeben.
5. **Kapitalflussrechnung:** Sie liefert Informationen zur Finanzkraft eines Unternehmens durch die Gegenüberstellung der Einzahlungen und Auszahlungen des Geschäftsjahres. Die Kapitalflussrechnung ist Pflichtbestandteil des Jahresabschlusses für kapitalmarktorientierte Kapitalgesellschaften (zum Beispiel börsennotierte AG) und deutsche Konzernmutterunternehmen.

Der Geschäftsbericht ist bei großen und mittelgroßen Kapitalgesellschaften identisch mit dem *Jahresabschluss*. Bei Personengesellschaft setzt sich der Jahresabschluss nur aus der Bilanz und der Gewinn-und-Verlust-Rechnung zusammen, sodass hier die Kennzahlenanalyse eventuell auf weniger Informationen zurückgreifen kann.

Bilanz in Mio. Euro: Aktiva	Geschäftsjahr 2012	Geschäftsjahr 2011
Immaterielle Vermögensgegenstände	4.600	4.800
Sachanlagen	14.000	13.000
Finanzanlagen	1.400	1.200
Summe Anlagevermögen	20.000	19.000
Vorräte	7.000	6.000
Forderungen aus Lieferungen und Leistungen	5.000	4.000
Sonstige Forderungen und Vermögensgegenstände	2.000	2.500
Wertpapiere und flüssige Mittel	6.000	5.500
Summe Umlaufvermögen	20.000	18.000
Latente Steuern	600	700
Rechnungsabgrenzungsposten	400	300
Summe Aktiva	41.000	38.000

Tabelle 7.1: Aktivseite der Stahl AG

7 ➤ Jahresabschlussanalyse

Um die folgenden Kennzahlen an konkreten Zahlenbeispielen berechnen zu können, nehmen wir als Fallbeispiel den Konzernjahresabschluss der Stahl AG aus dem Ruhrgebiet, bestehend aus Bilanz, Gewinn-und-Verlust-Rechnung und Kapitalflussrechnung.

Bilanz in Mio. Euro: Passiva	Geschäftsjahr 2012	Geschäftsjahr 2011
Grundkapital	1.300	1.300
Kapitalrücklage	4.700	4.700
Gewinnrücklagen	3.600	3.300
Jahresüberschuss	400	600
Eigenkapital der Gesellschafter	10.000	9.900
Ausgleichsposten für Anteile anderer Gesellschafter	1.000	1.100
Summe Eigenkapital	11.000	11.000
Pensionsrückstellungen	7.500	7.000
Sonstige Rückstellungen	1.000	500
Summe Rückstellungen	8.500	7.500
Finanzverbindlichkeiten	15.000	14.000
Verbindlichkeiten aus Lieferungen und Leistungen	5.000	4.500
Sonstige Verbindlichkeiten	1.000	500
Summe Verbindlichkeiten	21.000	19.000
Latente Steuern	300	280
Rechnungsabgrenzungsposten	200	220
Summe Passiva	41.000	38.000

Tabelle 7.2: Passivseite der Stahl AG

GuV in Mio. Euro	Geschäftsjahr 2012	Geschäftsjahr 2011
Umsatz	42.000	40.000
– Umsatzkosten	34.550	32.000
= Bruttoergebnis vom Umsatz	7.450	8.000
– Marketing- und Vertriebskosten	3.000	2.800
– Forschungs- und Entwicklungskosten	1.000	1.200
– allgemeine Verwaltungskosten	2.000	1.850
+ sonstige betriebliche Erträge	300	180
– sonstige betriebliche Aufwendungen	500	700
= Betriebsergebnis	1.250	1.630
+ Zinserträge	200	220
– Zinsaufwendungen	1.000	1.200
+ sonstiges Finanzergebnis	300	450
= Ergebnis vor Steuern	750	1.100
– Steuern	310	440
– Anteile anderer Gesellschafter	40	60
= Jahresüberschuss der Gesellschafter	400	600

Tabelle 7.3: GuV der Stahl AG

Die Kapitalflussrechnung benötigen wir erst weiter hinten in diesem Kapitel bei der Erläuterung der Cashflow-Kennzahlen.

Haben Sie bitte Verständnis, dass in einer Formelsammlung nicht alle einzelnen Bilanzpositionen wie latente Steuern oder Rechnungsabgrenzungsposten ganz genau erklärt werden können. Wenn Sie über das externe Rechnungswesen mehr wissen möchten als in dieser Zusammenfassung der wichtigsten Kennzahlen, sollten Sie in *BWL für Dummies* das Kapitel 11 lesen.

Vermögensstrukturanalyse

Beginnen wir die Jahresabschlussanalyse mit den Kennzahlen zur Vermögensstruktur.

Bei der *Vermögensstrukturanalyse* werden die Positionen der Aktivseite der Bilanz näher durchleuchtet. Dabei gilt bezüglich der Geldnähe der Vermögensgegenstände die Vermutung, dass der Geldrückfluss aus Anlagegütern erst langfristig erfolgt, während die Gegenstände des Umlaufvermögens (Vorräte, Forderungen) kurzfristig zu einer Erhöhung der Geldmittel führen (was den Kreditgebern eines Unternehmens lieber ist).

Typische Kennzahlen der Vermögensstrukturanalyse sind die Anlageintensität und die Umlaufintensität.

Anlageintensität und Umlaufintensität

Die *Anlageintensität* misst die Bedeutung des Anlagevermögens in Beziehung zum Gesamtvermögen des Unternehmens, die *Umlaufintensität* entsprechend den relativen Anteil des Umlaufvermögens.

$$\text{Anlageintensität} = \frac{\text{Anlagevermögen}}{\text{Gesamtvermögen}} \cdot 100$$

$$\text{Umlaufintensität} = \frac{\text{Umlaufvermögen}}{\text{Gesamtvermögen}} \cdot 100$$

Lassen Sie mich beide Kennzahlen am Beispiel des Jahresabschlusses 2012 der Stahl AG verdeutlichen. Das Gesamtvermögen kann vereinfacht mit der Bilanzsumme gleichgesetzt werden. Die Anlageintensität beträgt

$$\frac{20.000 \text{ Mio. Euro}}{41.000 \text{ Mio. Euro}} \cdot 100 = 48,8\%$$

und die Umlaufintensität (zufällig) ebenfalls

$$\frac{20.000 \text{ Mio. Euro}}{41.000 \text{ Mio. Euro}} \cdot 100 = 48,8\%.$$

Ganz wichtig: Kennzahlen der Jahresabschlussanalyse sollten Sie nie nur anhand der vorliegenden Kennzahl interpretieren, sondern nach Möglichkeit Vergleichskennzahlen heranziehen, denn so kommen Sie zu einem aussagekräftigen Ergebnis. Vergleichskennzahlen sind zum Beispiel die Kennzahlen des Unternehmens aus den vergangenen Jahren (Zeitvergleich), Kennzahlen von Unternehmen der gleichen Branche (Branchenvergleich), gleicher Größe oder gleicher Leistungskraft.

In unserem Beispiel ist die Anlageintensität der Stahl AG relativ hoch. Das deutet darauf hin, dass ein hoher Prozentsatz des Kapitals langfristig gebunden ist und wahrscheinlich hohe Fixkosten bestehen. Das würde bedeuten, dass das Unternehmen bei Konjunkturschwankungen nicht besonders anpassungsfähig ist. Allerdings ist es gerade für das produzierende Gewerbe (Maschinenbau, Zement, Stahl) typisch, dass die Sachanlagen einen hohen Anteil an der Bilanzsumme ausmachen. So könnte es zum Beispiel sein, dass die hohe Anlageintensität darauf zurückzuführen ist, dass das Unternehmen in einen modernen Maschinenbestand investiert hat, was positiv zu bewerten wäre.

Ist die Umlaufintensität relativ hoch, kann dies auf einen zu hohen Vorrats- und/oder Forderungsbestand hindeuten. In diesem Fall sollten Sie zusätzlich die Umschlagsdauerder Vorräte und Forderungen berechnen (siehe hierzu in Kapitel 6 die Kennzahlen zur Kapitalumschlagshäufigkeit) und entsprechende Vergleichskennzahlen heranziehen.

Investitionsquote

Eine weitere Kennzahl im Rahmen der Vermögensstrukturanalyse ist die *Investitionsquote*, die Rückschlüsse auf den Umfang der Investitionstätigkeit des Unternehmens zulässt.

$$\text{Investitionsquote} = \frac{\text{Nettoinvestitionen bei Sachanlagen}}{\text{Sachanlagenbestand am Jahresanfang}} \cdot 100$$

Wenn wir bei der Stahl AG von einer angenommenen Nettoinvestition von 2.000 Mio. Euro ausgehen, beläuft sich die Investitionsquote für 2012 auf:

$$\frac{2.200 \text{ Mio. Euro}}{13.000 \text{ Mio. Euro}} \cdot 100 = 16,9\,\%$$

Auch die Interpretation dieser Kennzahl ist nicht ganz einfach. Eine hohe Investitionsquote deutet zum einen auf ein wachsendes Unternehmen mit modernen Produktionsanlagen hin, was positiv zu werten ist. Zum anderen wird dadurch aber auch ein hoher Kapitalbedarf mit entsprechenden Kapitalkosten verursacht. Die Rückzahlung des Kapitals könnte zudem das Unternehmen eventuell später in Liquiditätsschwierigkeiten bringen. Um das aber beurteilen zu können, müssen Sie weitere Kennzahlen im Rahmen der Liquiditätsanalyse ermitteln.

Finanzierungsregeln

Mithilfe der Finanzierungsregeln können Sie feststellen, ob ein Unternehmen grundsätzlich eine gesunde langfristige Finanzierungsstruktur hat. Sie werden auch als *horizontale Finanzierungsregeln* bezeichnet, da Positionen der Aktiv- und Passivseite der Bilanz zueinander in Beziehung gesetzt werden. Zu den langfristigen Finanzierungsregeln gehören die *Goldene Finanzierungsregel* und die *Goldene Bilanzregel*.

Goldene Finanzierungsregel

Bei der *Goldenen Finanzierungsregel* untersuchen Sie, ob die langfristigen Vermögensgegenstände (zum Beispiel eine Maschine) auch durch langfristig zur Verfügung stehendes Kapital (zum Beispiel einen langfristigen Kredit) finanziert werden. Dahinter steht die Idee des *Grundsatzes der Fristenkongruenz*, der verlangt, dass die Kapitalüberlassungsdauer aus der Finanzierung und die Kapitalbindungsdauer der Investition übereinstimmen sollen. Hält ein Unternehmen diese Regel ein, ist die Wahrscheinlichkeit eher gering, dass es in Liquiditätsschwierigkeiten gerät.

Nach der Goldenen Finanzierungsregel soll

$$\frac{\text{langfristiges Vermögen}}{\text{langfristiges Kapital}} \leq 1 \text{ beziehungsweise } \frac{\text{kurzfristiges Vermögen}}{\text{kurzfristiges Kapital}} \geq 1$$

sein.

Wenn allerdings umgekehrt langfristige Vermögenswerte nur kurzfristig finanziert werden und deshalb irgendwann eine Anschlussfinanzierung notwendig wird, könnte das Unternehmen in Liquiditätsschwierigkeiten geraten, wenn es keine neuen Kapitalgeber findet.

Für die Stahl AG ergeben sich für 2012 die folgenden Werte (in Mio. Euro):

$$\frac{\text{langfristiges Vermögen}}{\text{langfristiges Kapital}} =$$

$$\frac{\text{Anlagevermögen}}{\text{Eigenkapital + Pensionsrückstellungen + Finanzverbindlichkeiten}} =$$

$$\frac{20.000}{11.000 + 7.500 + 15.000} = 0{,}60 < 1$$

Die Stahl AG erfüllt also in hohem Maße die *Goldene Finanzierungsregel*, sofern die Finanzverbindlichkeiten vollständig zum langfristigen Kapital gezählt werden können, was ich hier der Einfachheit halber unterstelle.

Goldene Bilanzregel

Die *Goldene Bilanzregel* gibt es in einer engeren und in einer weiteren Fassung:

✔ **Goldene Bilanzregel im *engeren* Sinne:**

$$\frac{\text{Eigenkapital} + \text{langfristiges Fremdkapital}}{\text{Anlagevermögen}} \geq 1$$

✔ **Goldene Bilanzregel im *weiteren* Sinne:**

$$\frac{\text{Eigenkapital} + \text{langfristiges Fremdkapital}}{\text{Anlagevermögen} + \text{langfristiges Umlaufvermögen}} \geq 1$$

Die Einhaltung der Goldenen Bilanzregel im weiteren Sinne soll gewährleisten, dass das langfristig gebundene Vermögen (wozu neben dem Anlagevermögen auch langfristig gebundenes Umlaufvermögen wie »eiserne Vorräte« gehören) auch langfristig finanziert wird. Zur langfristigen Finanzierung werden neben dem Eigenkapital auch das langfristige Fremdkapital (beispielsweise mehrjährige Bankkredite) gezählt. Das bedeutet im Klartext, dass das langfristig gebundene Vermögen nicht mit kurzfristigem Kapital finanziert werden sollte.

Wenn Sie ergänzend annehmen, dass die Vorräte dem langfristigen Umlaufvermögen zugeordnet werden können und die Pensionsrückstellungen und die Finanzverbindlichkeiten langfristiges Fremdkapital sind, gilt für die Stahl AG bezüglich der *Bilanzregel im weiteren Sinne* für 2012 (alle Zahlen im Mio. Euro):

$$\frac{\text{Eigenkapital} + \text{langfristiges Fremdkapital}}{\text{Anlagevermögen} + \text{langfristiges Umlaufvermögen}} =$$

$$\frac{11.000 + 7.500 + 15.000}{20.000 + 7.000} = 1{,}24 > 1$$

Damit wird auch die Goldene Bilanzregel im weiteren Sinne von der Stahl AG erfüllt.

Die Zuordnung der Vermögensgegenstände in kurzfristige und langfristige Teile ist für den externen Analysten oft nur schwierig durchführbar, sodass er den Anhang genau analysieren beziehungsweise sich mit mehr oder weniger plausiblen Annahmen behelfen muss. Entsprechend vorsichtig sollten Sie dann auch bei der Interpretation der Kennzahlen sein, insbesondere dann, wenn ein Unternehmen gegen eine Finanzierungsregel verstößt.

Liquiditätsgrade

Während die langfristigen Finanzierungsregeln eher auf eine langfristige Kongruenz zwischen Investition und Finanzierung abzielen, helfen Ihnen die Liquiditätsgrade dabei, die kurzfristige Liquiditätslage eines Unternehmens einzuschätzen.

Die *Liquiditätsgrade* sind Kennziffern, die Ihnen sagen, wie viel Prozent der kurzfristigen Verbindlichkeiten durch vorhandene liquide Mittel beziehungsweise durch kurzfristig in liquide Mittel verwandelbare Vermögenswerte abgedeckt werden. Damit können Sie einschätzen, ob das Liquiditätspotenzial des Unternehmens ausreicht, die kurzfristig (innerhalb eines Jahres) anstehenden Auszahlungsverpflichtungen abzudecken. Dabei handelt es sich um in der Praxis etablierte Faustformeln.

Die Liquiditätsgrade können Sie wie folgt berechnen:

Liquidität 1. Grades

$$\text{Liquidität 1. Grades} = \frac{\text{liquide Mittel}}{\text{kurzfristige Verbindlichkeiten}} \cdot 100$$

Als *liquide Mittel* nehmen Sie die Wertpapiere und die flüssigen Mittel des Umlaufvermögens. Zu den kurzfristigen Verbindlichkeiten zählen Sie neben den Verbindlichkeiten, die innerhalb eines Jahres fällig werden, auch die Gewinnausschüttung (das ist in der Regel der Bilanzgewinn).

Liquidität 2. Grades

$$\text{Liquidität 2. Grades} = \frac{\text{liquide Mittel} + \text{Forderungen}}{\text{kurzfristige Verbindlichkeiten}} \cdot 100$$

Bei der Liquidität zweiten Grades berücksichtigen Sie im Zähler zusätzlich die Forderungen aus Lieferungen und Leistungen (sofern sie innerhalb eines Jahres fällig werden, wovon regelmäßig auszugehen ist).

Liquidität 3. Grades

$$\text{Liquidität 3. Grades} = \frac{\text{kurzfristiges Umlaufvermögen}}{\text{kurzfristige Verbindlichkeiten}} \cdot 100$$

Bei der Liquidität dritten Grades erfassen Sie sämtliche kurzfristigen Vermögensgegenstände im Zähler, also auch die Vorräte. Damit wird unterstellt, dass sich auch die Vorräte innerhalb eines Jahres »zu Geld machen lassen«.

Faustregeln besagen, dass die Liquidität 1. Grades bei 5 % bis 10 %, die Liquidität 2. Grades bei über 100 % und die Liquidität 3. Grades bei über 200 % liegen sollte.

Welche Liquiditätsgrade weist nun die Stahl AG für 2012 auf (alle Werte in Mio. Euro)? Bei der Bestimmung der kurzfristigen Verbindlichkeiten (Nenner bei allen Liquiditätsgraden) nehmen wir vereinfachend an, dass sich diese aus den sonstigen Rückstellungen, den Verbindlichkeiten aus Lieferungen und Leistungen, den sonstigen Verbindlichkeiten und dem Rechnungsabgrenzungsposten der Passivseite zusammensetzen. Die Gewinnausschüttung soll die Hälfte des laufenden Jahresüberschusses betragen.

$$\text{Liquidität 1. Grades} = \frac{6.000}{1.000 + 5.000 + 1.000 + 200} \cdot 100 = \frac{6.000}{7.200} \cdot 100 = 83{,}3\,\%$$

$$\text{Liquidität 2. Grades} = \frac{6.000 + 5.000}{7.200} \cdot 100 = 152{,}8\,\%$$

$$\text{Liquidität 3. Grades} = \frac{20.000}{7.200} \cdot 100 = 277{,}8\,\%$$

Die Liquiditätsgrade deuten auf eine ausgezeichnete Liquiditätslage der Stahl AG hin.

Bei der Interpretation der Liquiditätsgrade zur Beurteilung der Liquiditätssituation eines Unternehmens sollten Sie allerdings generell Vorsicht walten lassen, da die Kennzahlen durchaus auch Anlass zu einer kritischen Distanz geben:

- ✔ Die Normwerte, wie hoch die einzelnen Liquiditätsgrade mindestens sein sollen, sind nicht wissenschaftlich belegt. Daher sollten Sie ein besonderes Augenmerk auf die Entwicklung der Liquiditätskennziffern im Zeitverlauf legen, um gegebenenfalls eine Tendenz erkennen zu können.

- ✔ Die Kennzahlen werden aus der Bilanz gebildet und damit aus historischen Werten. Entscheidend für die Beurteilung der Liquidität sind aber insbesondere die zukünftigen Ein- und Auszahlungen, die aus der Bilanz nur teilweise ersichtlich sind (beispielsweise kann man den Kapitalbedarf für Erweiterungsinvestitionen nicht aus der Bilanz ablesen). Daher garantiert auch die Einhaltung der Normwerte nicht unbedingt eine dauerhafte Zahlungsfähigkeit. Was ist zum Beispiel, wenn ein Großkunde die bereits gelieferte und verarbeitete Ware nicht bezahlt?

- ✔ Umgekehrt sollten Sie ein Unternehmen aber auch bei schlechten Werten nicht sofort verdammen, sondern die Liquiditätslage genauer analysieren. Hierzu dient zum Beispiel ein interner Finanzplan des Unternehmens für die nächsten Monate, der aber für Außenstehende leider nicht verfügbar ist.

- ✔ Die Liquiditätsgrade können kurzfristig manipuliert werden (*Window Dressing* genannt). Mehr dazu lesen Sie in Kapitel 11.

- ✔ Die Fristvermutung aus dem Bilanzierungsausweis kann falsch sein, zum Beispiel die Annahme, dass das Umlaufvermögen nur kurzfristig ist. Beispielsweise besteht immer ein Bodensatz an Vorräten und Forderungen, der entsprechend langfristig zu finanzieren ist.

- ✔ Ein sehr hoher Liquiditätsgrad könnte im Zielkonflikt zur Rentabilität stehen. Beispielsweise können große Bestände an liquiden Mitteln, die sich ja positiv auf den Liquiditätsgrad auswirken, oft nur unverzinslich oder mit nur geringer Verzinsung angelegt werden.

Working Capital

Im Gegensatz zu den traditionellen Liquiditätsgraden ist das *Working Capital* keine Prozentzahl, sondern eine absolute Kennzahl in der Dimension »Euro«. Das Working Capital sollte im Idealfall einen positiven Wert haben.

Working Capital = Umlaufvermögen − kurzfristige Verbindlichkeiten

Die Stahl AG hatte im Jahr 2012 ein Working Capital in Höhe von

20.000 Mio. Euro − 7.200 Mio. Euro = 12.800 Mio. Euro

Auch das relativ hohe positive Working Capital (zum Vergleich: die Bilanzsumme beträgt 41.000 Mio. Euro) belegt die gute Liquiditätslage der Stahl AG. Der Betrag deutet darauf hin, dass ein langfristiges Finanzierungspotenzial besteht, da das Working Capital langfristig finanziert ist. Ein positives Working Capital bedeutet, dass das gesamte Anlagevermögen und Teile des Umlaufvermögens langfristig finanziert sind. Man könnte also in Höhe des Working Capital bei Konstanz der langfristigen Finanzierungsmittel langfristige Investitionen tätigen, ohne gegen die Goldenen Bilanzregel zu verstoßen.

Umgekehrt bedeutet ein negatives Working Capital einen Verstoß gegen die Goldene Bilanzregel, da dann langfristige Vermögensteile kurzfristig finanziert werden.

Das Working Capital kann Ihnen außerdem helfen, *Optimierungsmöglichkeiten* im Unternehmen *aufzudecken*. Zum Beispiel kann ein hohes Working Capital darauf hindeuten, dass das Unternehmen zu hohe Lagerbestände hat, ein schlechtes Forderungsmanagement besteht oder die Lieferantenverbindlichkeiten nicht optimiert sind. Zur genaueren Beurteilung sollten Sie weitere Kennzahlen – wie die Umschlagshäufigkeit der Vorräte, den Debitorenumschlag, das Debitorenziel und das Kreditorenziel – heranziehen, um der Sache auf den Grund zu gehen.

Umschlagshäufigkeit der Vorräte

$$\text{Umschlagshäufigkeit der Vorräte} = \frac{\text{Umsatz}}{\text{Durchschnittsbestand der Vorräte}}$$

Die Umschlaghäufigkeit sagt Ihnen, wie häufig im Jahresverlauf die Vorräte umgeschlagen werden. Sie sollte möglichst hoch sein, da Lagerbestände möglichst niedrig sein sollten. Allerdings sollten die Lagerbestände aber auch nicht zu niedrig sein, um Lieferverzögerungen zu vermeiden.

Debitorenumschlag

$$\text{Debitorenumschlag} = \frac{\text{Umsatz}}{\text{durchschnittlicher Forderungsbestand}}$$

Debitoren sind aus Sicht des Unternehmens Kunden, die Waren auf Ziel gekauft haben, also ihre Rechnung für die bereits erhaltene Ware noch nicht bezahlt haben. Dadurch hat das Unternehmen dem Kunden quasi einen Kredit eingeräumt, der in der Bilanz des Unternehmens als Forderung ausgewiesen wird. Je größer der Debitorenumschlag, umso schneller bezahlen die Kunden des Unternehmens ihre Rechnungen. Ein niedriger Debitorenumschlag deutet auf hohe Außenstände hin. Dies ist schlecht, da sich dadurch der Kapitalbedarf des Unternehmens erhöht und damit die Kapitalkosten ansteigen.

Debitorenziel

$$\text{Debitorenziel} = \frac{\varnothing \text{ Forderungsbestand}}{\text{Umsatzerlöse}} \cdot 365$$

Diese Kennzahl zeigt Ihnen, nach wie vielen Tagen die Kunden des Unternehmens durchschnittlich ihre Forderungen begleichen. Je kürzer diese Laufzeit ist, desto besser für das Unternehmen, da eine ausstehende Forderung in der Regel mit einem zinslosen Kredit an den Kunden gleichzusetzen ist.

Kreditorenziel

$$\text{Kreditorenziel} = \frac{\varnothing \text{ Verbindlichkeiten aus Lieferungen und Leistungen}}{\text{Umsatzkosten}} \cdot 365$$

Kreditoren sind die Lieferanten des Unternehmens, die für dem Unternehmen gelieferte Waren noch keine Zahlung erhalten haben. Da dies einem Kredit des Lieferanten gleichkommt, entstehen in der Bilanz Verbindlichkeiten aus Lieferungen und Leistungen. Das *Kreditorenziel* (auch *Lieferantenziel* genannt) gibt die durchschnittliche Laufzeit in Tagen an, in der das Unternehmen diese Verbindlichkeiten bezahlt. Die Verbindlichkeiten können Sie durch Verhandlungen mit den Lieferanten optimieren. Sie können das Kreditorenziel verlängern und so Ihre Liquiditätssituation verbessern. Oder Sie können das Kreditorenziel verkürzen und so Skonti der Lieferanten besser nutzen.

Schauen wir uns diese vier Kennzahlen für die Stahl AG für das Geschäftsjahr 2012 an. Die Durchschnittsbestände werden ermittelt, indem die Werte aus den beiden letzten Geschäftsjahren addiert und dann durch zwei geteilt werden.

$$\text{Umschlagshäufigkeit der Vorräte} = \frac{42.000 \text{ Mio. Euro}}{6.500 \text{ Mio. Euro}} = 6,46$$

$$\text{Debitorenumschlag} = \frac{42.000 \text{ Mio. Euro}}{4.500 \text{ Mio. Euro}} = 9,33$$

$$\text{Debitorenziel} = \frac{4.500 \text{ Mio. Euro}}{42.000 \text{ Mio. Euro}} \cdot 365 = 39,1 \text{ Tage}$$

$$\text{Kreditorenziel} = \frac{4.750 \text{ Mio. Euro}}{34.550 \text{ Mio. Euro}} \cdot 365 = 50,2 \text{ Tage}$$

Zur weiteren Interpretation sollten Sie wie immer entsprechende Vergleichszahlen (Zeit- und Branchenvergleich) heranziehen.

Working Capital Management

Ein aktives *Working Capital Management* bedeutet, dass Sie versuchen, die Kennzahl Working Capital bewusst so zu optimieren, dass das Working Capital weder zu hoch noch zu niedrig ist. Die »bankers rule« amerikanischer Banken besagt etwa, dass das Umlaufvermögen mindestens doppelt so groß sein soll wie das kurzfristige Fremdkapital, um Liquiditätsproblemen vorzubeugen. Ein zu *hohes* Working Capital vermeiden Sie insbesondere durch eine optimierte Lagerhaltung und ein optimiertes Forderungsmanagement. Da Sie durch das Working Capital Management Ihren Kapitalbedarf optimieren, bewirken Sie damit gleichzeitig oft auch eine Verringerung der Kapitalkosten und damit unter Umständen einen wichtigen Beitrag zur Optimierung Ihrer Rentabilität (mehr dazu weiter hinten in diesem Kapitel).

Cashflow

Den Cashflow können Sie auf direkte und indirekte Weise berechnen.

Direkte Ermittlung des Cashflows

Der *Cashflow* gibt Ihnen Hinweise auf die *innere Finanzkraft* eines Unternehmens. Vereinfacht ausgedrückt ist der Cashflow bei direkter Ermittlung die Differenz aus

Einzahlungen aus der laufenden Geschäftstätigkeit

− Auszahlungen aus der laufenden Geschäftstätigkeit.

Ein positiver Cashflow bedeutet, dass das Unternehmen in der laufenden Periode aus dem operativen Geschäft einen Einzahlungsüberschuss erzielen konnte. Er zeigt Ihnen die Höhe des Innenfinanzierungsvolumens. Diesen Liquiditätsüberschuss kann das Unternehmen dann zur Finanzierung von Investitionen, zur Schuldentilgung oder zur Gewinnausschüttung nutzen.

Indirekte Ermittlung des Cashflows

Sie können den Cashflow in seiner einfachsten Variante auch indirekt aus einigen Daten der Bilanz und der Gewinn-und-Verlust-Rechnung ermitteln, wie Tabelle 7.4 für die Stahl AG zeigt.

7 ➤ Jahresabschlussanalyse

Vereinfachter Cashflow	Berechnung für die Stahl AG 2012
Jahreserfolg	+400
+ Abschreibungen	+1.200
− Zuschreibungen	
+ Erhöhung der langfristigen Rückstellungen	+500
− Verminderung der langfristigen Rückstellungen	
= Cashflow	+2.100

Tabelle 7.4: Vereinfachte Cashflow-Berechnung der Stahl AG

Näheres zum Aufbau und den Hintergründen dieses Berechnungsschemas können Sie in Kapitel 5 in *BWL für Dummies* nachlesen.

Kapitalflussrechnung

Eine genauere Analyse der Finanzströme eines Unternehmens ermöglicht die Kapitalflussrechnung. Die Kapitalflussrechnung – im Englischen »Cash Flow Statement« genannt – verfolgt folgende Ziele:

✔ Transparenz über die Zahlungsmittelzuflüsse und Zahlungsmittelabflüsse eines Unternehmens in einer Periode herstellen

✔ Veränderung der liquiden Mittel erklären

✔ Ursachen der Veränderungen herausstellen

Wie Tabelle 7.5 zeigt, besteht die Kapitalflussrechnung aus drei Bausteinen, deren Saldo gleich der Veränderung der liquiden Mittel in der Bilanz ist.

Kapitalflussrechnung einer Periode
1. Cashflow aus der operativen Geschäftstätigkeit
2. Cashflow aus der Investitionstätigkeit
3. Cashflow aus der Finanzierungstätigkeit
Saldo aus 1. + 2. + 3. = Veränderung der liquiden Mittel in der Bilanz

Tabelle 7.5: Bausteine der Kapitalflussrechnung

BWL-Formeln für Dummies

Nach diesem Überblick möchten Sie sicher wissen, wie die Bausteine im Einzelnen aussehen und wie hoch die Cashflows der Stahl AG 2012 waren. Die entsprechenden Daten finden Sie in Tabelle 7.6.

Kapitalflussrechnung 2012	in Mio. Euro
Jahreserfolg	+400
+ Abschreibungen	+1.200
+/– Veränderung Rückstellungen	+1.000
+/– Veränderung Vorräte	–1.000
+/– Veränderung Forderungen	–1.000
+/– Veränderung Lieferantenverbindlichkeiten	+500
+/– Sonstige Ein- und Auszahlungen, die nicht unter (2) und (3) erfasst werden	+800
= Cashflow aus operativer Geschäftstätigkeit (1)	**+1.900**
– Auszahlungen für Investitionen in das Anlagevermögen	–2.200
+ Einzahlungen aus Abgängen des Anlagevermögens	0
= Cashflow aus der Investitionstätigkeit (2)	**–2.200**
+ Einzahlungen aus Finanzierungen	2.000
– Tilgung von Finanzierungen	–1.000
– Auszahlungen an Gesellschafter	–200
= Cashflow aus der Finanzierungstätigkeit (3)	**+800**
Saldo aus (1), (2) und (3) = Veränderung der Wertpapiere und flüssigen Mittel in der Bilanz	**+500**

Tabelle 7.6: Kapitalflussrechnung der Stahl AG

Die Kapitalflussrechnung zeigt Ihnen sehr anschaulich die wichtigsten Finanzströme der Stahl AG im Jahre 2012. Sie sehen, dass

- ✔ aus dem operativen Geschäft ein Zahlungsmittelüberschuss von 1.900 Mio. Euro erzielt wurde,
- ✔ dieser aber nicht ausreichte, um die Investitionen von 2.200 Mio. Euro vollständig zu finanzieren,

✔ sodass eine Kreditaufnahme notwendig war. Insgesamt sind aus Finanzierungsvorgängen Finanzmittel von 800 Mio. Euro zugeflossen und

✔ per Saldo die liquiden Mittel des Unternehmens um 500 Mio. Euro angestiegen.

Free Cash Flow

Der *Free Cash Flow* gibt Ihnen an, welche freien Geldmittel dem Unternehmen in einer Periode zur Auszahlung an die Kapitalgeber zur Verfügung stehen.

Auszahlungen an die Kapitalgeber können sein:

✔ Gewinnausschüttungen an die Eigenkapitalgeber (zum Beispiel Dividenden an die Aktionäre einer AG) und

✔ Zins- und Tilgungszahlungen an die Fremdkapitalgeber.

 Berücksichtigen Sie bei der Ermittlung des Free Cash Flow bitte auch, dass das Unternehmen einen Teil der freien Finanzmittel bereits in das Anlagevermögen investiert hat, um den Anlagebestand zu erhalten, zu modernisieren oder zu erweitern.

Eine einfache Variante zur Berechnung des Free Cash Flow sehen Sie Tabelle 7.7. Der Zinsaufwand wird als Korrekturposten dazu addiert, da die Zinsaufwendungen vorher als Aufwand das Jahresergebnis geschmälert haben und wir ja gerade wissen möchten, welche Zahlungen an die Kapitalgeber möglich sind.

Vereinfachte Berechnung des Free Cash Flow	am Beispiel der Stahl AG 2012 (alle Zahlen in Mio. Euro)
Cashflow aus operativer Geschäftstätigkeit	+1.900
+ Zinsaufwendungen	+1.000
– Cashflow aus der Investitionstätigkeit	–2.200
= Free Cash Flow	**= 700**

Tabelle 7.7: Vereinfachte Berechnung des Free Cash Flow

Der Free Cash Flow wird oft in der Unternehmensbewertung benötigt, da er den entziehbaren Geldstrom für die Kapitalgeber angibt. Mehr dazu lesen Sie in Kapitel 10.

Der Cashflow findet aber auch Verwendung für weitere Kennzahlen wie dem *dynamischen Verschuldungsgrad*, der *Cashflow-Marge* und dem *Cashflow-Investitionsverhältnis*.

Dynamischer Verschuldungsgrad

Der *dynamische Verschuldungsgrad* sagt Ihnen, in wie vielen Jahren es einem Unternehmen unter sonst gleichen Bedingungen möglich wäre, seine Nettoschulden aus dem operativen Cashflow vollständig zu tilgen. Je kleiner der Wert dieser Kennzahl ist, desto schneller kann ein Unternehmen seine Schulden aus den Zahlungsmittelüberschüssen tilgen, und je sicherer können die Kreditgeber sein, dass sie ihr Geld zurückbekommen. Daher nimmt der dynamische Verschuldungsgrad eine wichtige Rolle bei der Bonitätsprüfung ein.

$$\text{Dynamischer Verschuldungsgrad} = \frac{\text{Nettoverschuldung}}{\text{Cashflow}}$$

Die Nettoverschuldung können Sie ermitteln, indem Sie von den Finanzverbindlichkeiten die Wertpapiere und flüssigen Mittel abziehen.

Cashflow-Marge

Die *Cashflow-Marge* sagt Ihnen, wie viel Prozent der Umsatzerlöse dem Unternehmen für Investitionen, Kredittilgung und Gewinnausschüttung zur Verfügung stehen.

$$\text{Cashflow-Marge} = \frac{\text{Cashflow aus operativer Tätigkeit}}{\text{Umsatzerlöse}} \cdot 100$$

Cashflow-Investitionsverhältnis

Das Verhältnis von Cashflow zu den Nettoinvestitionen bringt zum Ausdruck, inwieweit ein Unternehmen seine Nettoinvestitionen (Differenz zwischen den Zu- und Abgängen des Anlagevermögens) aus eigenen Finanzmitteln bestreiten kann.

$$\text{Cashflow-Investitionsverhältnis} = \frac{\text{Cashflow aus operativer Tätigkeit}}{\text{Nettoinvestitionen}} \cdot 100$$

7 ➤ Jahresabschlussanalyse

Für die Stahl AG ergeben sich für 2012 für die drei Kennzahlen die folgenden Werte:

$$\text{Dynamischer Verschuldungsgrad} = \frac{15.000 \text{ Mio. Euro} - 6.000 \text{ Mio. Euro}}{1.900 \text{ Mio. Euro}} = 4,7$$

$$\text{Cashflow-Marge} = \frac{1.900 \text{ Mio. Euro}}{42.000 \text{ Mio. Euro}} \cdot 100 = 4,5\,\%$$

$$\text{Cashflow-Investitionsverhältnis} = \frac{1.900 \text{ Mio. Euro}}{2.200 \text{ Mio. Euro}} \cdot 100 = 86,4\,\%$$

Außerdem bildet der Cashflow auch die Berechnungsgrundlage für einige Rentabilitätskennzahlen (siehe hierzu weiter hinten in diesem Kapitel).

Kapitalstruktur

Wie ein Unternehmen finanziert ist, können Sie auf der Passivseite der Bilanz sehen. Dabei ist es für ein Unternehmen wichtig, auf eine gesunde Kapitalstruktur zu achten, das heißt auf einen richtigen Mix zwischen Eigen- und Fremdkapital. Die Kennziffern zur Kapitalstruktur helfen Ihnen dabei, dies zu beurteilen.

Eigenkapitalquote

Die *Eigenkapitalquote* zeigt Ihnen den Anteil vom Eigenkapital am Gesamtkapital. Je höher die Eigenkapitalquote ist, desto unabhängiger ist das Unternehmen von den Fremdkapitalgebern. Das Eigenkapital hat als langfristige Finanzierungsquelle und als Verlustauffangbecken eine große Bedeutung für Unternehmen. Daher achten die Banken bei der Kreditvergabe besonders darauf, dass die Unternehmen eine ausreichende Eigenkapitalquote haben. Da die Eigenkapitalquote somit die Kreditwürdigkeit, die finanzielle Stabilität und letztlich die Bonität eines Unternehmens stark beeinflusst, ist sie auch eine wichtige Kennziffer für das Rating von Unternehmen.

$$\text{Eigenkapitalquote} = \frac{\text{Eigenkapital}}{\text{Gesamtkapital}} \cdot 100$$

Zur Vereinfachung können Sie anstelle des Gesamtkapitals die Bilanzsumme ansetzen. Für die Stahl AG ergibt sich dann für 2012 ein Wert von

$$\text{Eigenkapitalquote} = \frac{11.000 \text{ Mio. Euro}}{41.000 \text{ Mio. Euro}} \cdot 100 = 26,8\,\%$$

Welche Eigenkapitalquote sollten Sie anstreben?

Diese Frage lässt sich pauschal nicht beantworten, da diese Frage nur branchen-, größen- und rechtsformabhängig beantwortet werden kann. Nach Prognosen erwartete die Deutsche Bundesbank für 2009 eine durchschnittliche Eigenkapitalquote von 25,5 %, wobei aber zwischen kleinen und mittleren Unternehmen und Großunternehmen große Unterschiede bestehen. Kleine und mittlere Unternehmen verfügen mit einer Eigenkapitalquote von etwa 20 % über eine deutlich niedrigere Eigenkapitalquote als Großunternehmen mit 27,9 % (was im internationalen Vergleich auch eher wenig ist). Kritisch wird es spätestens, wenn die Eigenkapitalquote bei 10 % oder darunter liegt, was leider bei vielen Kleinunternehmen der Fall ist.

Bei der Interpretation der Eigenkapitalquote sollten Sie immer (!) Vorsicht walten lassen, denn das tatsächliche Eigenkapital des Unternehmens ist oft viel höher als das in der Bilanz ausgewiesene Eigenkapital (zum Beispiel aufgrund von stillen Reserven).

Die Eigenkapitalquote der Stahl AG für 2012 ist mit 26,8 % etwas unterhalb des Durchschnittswertes der im DAX gelisteten Unternehmen, der im Jahr 2010 bei 31 % lag. Positiv zu berücksichtigen ist aber, dass die Stahl AG die Goldene Bilanzregel im weiteren Sinne (siehe den Abschnitt »Finanzierungsregeln« weiter vorn in diesem Kapitel) erfüllt.

Möglichkeiten, die Eigenkapitalquote zu verbessern

Falls das Unternehmen eine relativ schlechte Eigenkapitalquote aufweist, haben Sie verschiedene Möglichkeiten, die Eigenkapitalquote zu verbessern:

✔ Behalten Sie die Gewinne des Unternehmens ein, anstatt sie an die Gesellschafter auszuschütten. Diesen Vorgang bezeichnet man als *Gewinnthesaurierung*. Einbehaltene Gewinne erkennen Sie in der Bilanz auf der Passivseite an der Position »Gewinnrücklagen«.

✔ Führen Sie eine Kapitalerhöhung durch. Dazu müssen die Gesellschafter neues Kapital in das Unternehmen einbringen. Bei einer Aktiengesellschaft beispielsweise geschieht das dadurch, dass die AG neue Aktien herausgibt, die von den Altaktionären oder neuen Investoren gekauft werden.

✔ Nutzen Sie den operativen Cashflow dazu, die Finanzverbindlichkeiten zu vermindern. Denn bei konstantem Eigenkapital verbessert sich die Eigenkapitalquote auch dadurch, dass die Verbindlichkeiten und die Bilanzsumme sinken.

Fremdkapitalquote

Die *Fremdkapitalquote* gibt an, wie hoch der Anteil des Fremdkapitals am Gesamtkapital ist. Sie hilft Ihnen, das Finanzierungsrisiko eines Unternehmens zu beurteilen. Je höher die Fremdkapitalquote ist, desto schwieriger könnte die Neuaufnahme von Krediten werden und desto höher ist die Gefahr, dass Kredite gekündigt oder nicht verlängert werden. Die Fremdkapitalquote wird auch als *Anspannungsgrad* bezeichnet.

$$\text{Fremdkapitalquote} = \frac{\text{Fremdkapital}}{\text{Gesamtkapital}} \cdot 100$$

Wenn Sie als Fremdkapital die Summe aus Rückstellungen und Verbindlichkeiten und für das Gesamtkapital wieder die Bilanzsumme ansetzen, ergibt sich für die Stahl AG für das Jahr 2012 ein Anspannungsgrad in Höhe von:

$$\text{Fremdkapitalquote} = \frac{8.500 \text{ Mio. Euro} + 21.000 \text{ Mio. Euro}}{41.000 \text{ Mio. Euro}} \cdot 100 = 72\,\%$$

Dieser Wert ist etwas höher als der Durchschnittswert der im DAX gelisteten deutschen Großunternehmen.

Verschuldungsgrad

Der Verschuldungsgrad zeigt Ihnen die Relation von Fremdkapital zu Eigenkapital und gibt somit Auskunft über die Finanzierungsstruktur, also den Mix aus Eigen- und Fremdkapital. Aus dem Verschuldungsgrad können Sie direkt ersehen, wie ausgewogen die Kapitalstruktur des Unternehmens ist.

$$\text{Verschuldungsgrad} = \frac{\text{Fremdkapital}}{\text{Eigenkapital}} \cdot 100$$

In Fortführung der für das Fremd- und Eigenkapital angesetzten Werte ergibt sich für die Stahl AG für 2012 ein Verschuldungsgrad von:

$$\text{Verschuldungsgrad} = \frac{8.500 \text{ Mio. Euro} + 21.000 \text{ Mio. Euro}}{11.000 \text{ Mio. Euro}} \cdot 100 = 268,2\,\%$$

Eine Daumenregel aus der Praxis besagt, dass der Verschuldungsgrad nicht höher als 200 % sein sollte. Das Fremdkapital soll also nicht mehr als das Doppelte des Eigenkapitals betragen.

Die Stahl AG verstößt gegen diese Daumenregel. Um die Kennzahl zu verbessern, müsste sich die Stahl AG verstärkt durch Eigenkapital finanzieren.

Fremdkapitalstruktur

Die Fremdkapitalstruktur gibt Ihnen Aufschluss über die Zusammensetzung des Fremdkapitals. Hierzu wird das kurzfristige Fremdkapital ins Verhältnis zum gesamten Fremdkapital gesetzt.

$$\text{Fremdkapitalstruktur} = \frac{\text{kurzfristiges Fremdkapital}}{\text{gesamtes Fremdkapital}} \cdot 100$$

Falls der Anteil des kurzfristigen Fremdkapitals am gesamten Fremdkapital relativ hoch ist, könnte dies eine Bedrohung für die Finanzlage eines Unternehmens darstellen, da das Unternehmen dann besonders von Kreditgebern abhängig ist. Das Unternehmen könnte in Finanzierungsprobleme kommen, wenn sich keine neuen Kapitalgeber finden, die das zu tilgende Fremdkapital durch neue Kredite ersetzen. Findet es keine neuen Kapitalgeber, führt die Tilgung des kurzfristigen Fremdkapitals zu einer Belastung der Liquidität.

Bei der Berechnung der Fremdkapitalstruktur der Stahl AG für 2012 (alle Zahlen in Mio. Euro) gehen wir ergänzend davon aus, dass sich das kurzfristige Fremdkapital aus den sonstigen Rückstellungen, den Verbindlichkeiten aus Lieferungen und Leistungen und den sonstigen Verbindlichkeiten zusammensetzt.

$$\text{Fremdkapitalstruktur} = \frac{1.000 + 5.000 + 1.000}{8.500 + 21.000} \cdot 100 = 23,7\,\%$$

Eine weitere Kennzahl zur Analyse der Kapitalstruktur ist der *dynamische Verschuldungsgrad*, der weiter vorn in diesem Kapitel erklärt wird.

Rentabilitätskennzahlen

Die *Rentabilitätskennzahlen* sind Thema in Teil I. Hier noch einmal kurz gefasst: Mithilfe der Rentabilitätskennzahlen können Sie ermitteln, mit welcher Rendite sich das eingesetzte Kapital in einem bestimmten Zeitraum verzinst. Im Rahmen der Jahresabschlussanalyse dienen die Rentabilitätskennzahlen dazu, die Gewinnsituation und die Profitabilität eines Unternehmens besser einschätzen zu können.

Im Folgenden erfahren Sie mehr über die verschiedenen Rentabilitätskennzahlen, die sich dadurch unterscheiden, welche Erfolgsgröße im Zähler (Betriebsergebnis, Jahreserfolg, Cashflow, Gewinn vor Steuern und vor Zinsen) und welche Bezugsgröße im Nenner (Eigenkapital, Gesamtkapital, Umsatz) verwendet wird.

7 ➤ Jahresabschlussanalyse

Eigenkapitalrentabilität

Die *Eigenkapitalrentabilität* gibt an, mit welchem Zinssatz sich das eingesetzte Kapital der Eigenkapitalgeber verzinst. Je höher die Eigenkapitalrentabilität ist, desto positiver ist die Erfolgslage des Unternehmens aus Sicht der Gesellschafter. Als Gewinngröße sollten Sie aus Gründen der Vergleichbarkeit den Jahresüberschuss vor Steuern nehmen.

$$\text{Eigenkapitalrentabilität} = \frac{\text{Jahresüberschuss vor Steuern}}{\text{Eigenkapital}} \cdot 100$$

Anstelle des Jahresüberschusses vor Steuern können Sie im Zähler als Gewinngröße auch den Jahresüberschuss nach Steuern (traditionelle Definition), das Betriebsergebnis, den Cashflow oder den Steuerbilanzgewinn ansetzen.

Als Eigenkapital wird häufig auch das *durchschnittliche Eigenkapital*

$$\left(\frac{\text{Eigenkapital am Jahresanfang} + \text{Eigenkapital am Jahresende}}{2} \right)$$

unter der Annahme verwendet, dass im Jahresdurchschnitt dieser Mittelwert dem Unternehmen als Eigenkapital zur Verfügung steht. Gleiches gilt auch für den Fall, dass bei der Rentabilitätsberechnung das Gesamtkapital im Nenner steht. Aus Vereinfachungsgründen setze ich hier den Jahresendwert an.

Die Eigenkapitalrentabilität sollte nach der Kapitalmarkttheorie mindestens so hoch sein wie der risikofreie Kapitalmarktzins zuzüglich einer Risikoprämie, die das erhöhte Risiko der Eigenkapitalgeber entgelten soll.

Für die Gesellschafter der Stahl AG ergibt sich für das Jahr 2012 bei einem

Jahresüberschuss der Gesellschafter vor Steuern = Jahresüberschuss + Steuern = 400 Mio. Euro + 310 Mio. Euro = 710 Mio. Euro

eine

$$\text{Eigenkapitalrentabilität} = \frac{710 \text{ Mio. Euro}}{10.000 \text{ Mio. Euro}} \cdot 100 = 7{,}1\,\%,$$

wenn als Eigenkapitalwert das Eigenkapital der Gesellschafter am Jahresende angesetzt wird.

Das scheint kein besonders guter Wert zu sein, da von großen Kapitalgesellschaften oft eine Eigenkapitalrendite von mindestens 10 % angestrebt und in guten Jahren auch erreicht wird. In der Öffentlichkeit bekannt ist das Eigenkapitalrenditeziel der Deutschen Bank, das – bezogen auf den Jahresüberschuss vor Steuern – bei 25 % liegt. Das ist ein von Investoren in guten Jahren erwarteter international durchaus üblicher Wert. Ob dies allerdings eine angemessene und anzustrebende Zielgröße ist, lässt sich unter moralisch-ethischen und wirtschaftspolitischen Gesichtspunkten sicher kontrovers diskutieren. Eine solche Diskussion gehört aber sicher nicht in eine Formelsammlung, oder?

 Sie sollten bei der Interpretation bei keiner Kennziffer so vorsichtig sein wie bei der Eigenkapitalrentabilität. Die Deutsche Bundesbank äußert sich in ihrem Monatsbericht vom Januar 2010 äußerst kritisch zur Eigenkapitalrendite. Kritisiert wird insbesondere, dass die Kennzahl durch ein relativ niedriges in der Bilanz ausgewiesenes Eigenkapital gerade bei Personengesellschaften verzerrt wird, sie im Zeitablauf hohen Schwankungen unterliegt und auch im Branchenvergleich starke Abweichungen vom rechnerischen Durchschnittswert zu verzeichnen sind.

Gesamtkapitalrentabilität

Mit der *Gesamtkapitalrentabilität* können Sie die *Verzinsung des gesamten Kapitals* berechnen, das dem Unternehmen zur Verfügung stand. Daher wird im Nenner das Gesamtkapital als Summe aus Eigen- und Fremdkapital eingesetzt. Im Zähler wird der Jahresüberschuss vor Steuern (v. St.) um den Zinsaufwand erweitert, da die Fremdkapitalzinsen die Verzinsung für die Fremdkapitalgeber darstellen.

$$\text{Gesamtkapitalrentabilität} = \frac{\text{Jahresüberschuss v. St.} + \text{Fremdkapitalzinsen}}{\text{Gesamtkapital}} \cdot 100$$

Die Gesamtkapitalrentabilität ist unabhängig von der Finanzierungsstruktur und dem Verschuldungsgrad eines Unternehmens und ermöglicht so eine bessere Vergleichbarkeit unterschiedlich finanzierter Unternehmen. Sie ist daher ein besserer Indikator für die Ertragskraft eines Unternehmens als die Eigenkapitalrentabilität. Für die Berechnung der Gesamtkapitalrentabilität der Stahl AG im Jahr 2012 wird aus Vereinfachungsgründen wieder die Bilanzsumme für das Gesamtkapital eingesetzt.

$$\text{Gesamtkapitalrentabilität} = \frac{710 \text{ Mio. Euro} + 1.000 \text{ Mio. Euro}}{41.000 \text{ Mio. Euro}} \cdot 100 = 4,2\,\%$$

Umsatzrentabilität

Die *Umsatzrentabilität* gibt an, wieviel ein Unternehmen an jedem Euro Umsatz verdient. Eine Umsatzrendite von zum Beispiel 5 % bedeutet, dass mit jedem umgesetzten Euro ein Gewinn von 5 Cent erwirtschaftet wird. Damit können Sie das Verhältnis zwischen Gewinn und Geschäftsvolumen abschätzen. Bei der Berechnung der Umsatzrentabilität wird als Gewinngröße aus Gründen der Vergleichbarkeit meist der *Bruttogewinn* verwendet, da dieses unabhängig von der Finanzierung und von Steuervorschriften ist. Sie ermitteln den Bruttogewinn, indem Sie zum Jahresüberschuss die Zinsaufwendungen und die Steuern dazuaddieren. Der Bruttogewinn wird international als EBIT (= Earnings before Interest and Taxes) bezeichnet. Daher wird die Umsatzrentabilität bei Verwendung des EBIT im Zähler auch als *EBIT-Marge* bezeichnet.

$$\text{Umsatzrentabilität} = \frac{\text{Bruttogewinn}}{\text{Umsatzerlöse}} \cdot 100$$

Die Umsatzrentabilität der Stahl AG für 2012 beträgt (alle Zahlen in Mio. Euro):

$$\text{Umsatzrentabilität} = \frac{400 + 1.000 + 310}{42.000} \cdot 100 = 4,07\,\%$$

Dieser Wert ist deutlich schlechter als die durchschnittliche Umsatzrentabilität der DAX-30-Unternehmen, die im Jahr 2010 bei 6,9 % lag (berechnet auf Basis des Jahresüberschusses nach Steuern).

Gesamtkapitalumschlag

Der *Gesamtkapitalumschlag* sagt Ihnen, wie effektiv der Kapitaleinsatz in einem Unternehmen ist. Je höher der Kapitalumschlag ist, desto intensiver nutzt das Unternehmen das vorhandene Kapital. Dies wirkt sich im Normalfall positiv auf die Rentabilität aus.

$$\text{Gesamtkapitalumschlag} = \frac{\text{Umsatzerlöse}}{\text{Gesamtkapital}}$$

Wenn Sie wieder die Bilanzsumme für das Gesamtkapital einsetzen, kommen Sie für die Stahl AG für das Jahr 2012 auf einen Gesamtkapitalumschlag von:

$$\text{Gesamtkapitalumschlag} = \frac{42.000\ \text{Mio. Euro}}{41.000\ \text{Mio. Euro}} = 1,02$$

Die Interpretation dieses Wertes können Sie wie so häufig bei finanzwirtschaftlichen Kennzahlen erst dann durchführen, wenn entsprechende Vergleichszahlen (Zeit- und Branchenvergleich) vorliegen, da gerade der Kapitalumschlag sehr branchenabhängig ist.

Bei der Berechnung der Rentabilitätskennzahlen kann als Erfolgsgröße anstelle des Jahresüberschusses auch der *Cashflow* verwendet werden. Darüber kann man aber geteilter Meinung sein:

✔ **Vorteil des Cashflows als Erfolgsgröße:** Er ist weniger manipulationsanfällig als der Jahresüberschuss. Dieser kann nämlich durch Nutzung von Bilanzierungs- und Bewertungsspielräumen beispielsweise bei Abschreibungen bewusst erhöht oder vermindert werden. Der Cashflow hat hier den Vorteil, dass er zumindest unabhängig von der Höhe der Abschreibungen ist, weil diese zum Jahresüberschuss dazu addiert werden.

✔ **Nachteil des Cashflows als Erfolgsgröße:** Gegen die Verwendung des Cashflows als Gewinngröße spricht aber, dass er eigentlich ein Liquiditätsindikator ist, der das Innenfinanzierungspotenzial eines Unternehmens angibt. Der Cashflow berücksichtigt keine Abschreibungen, da sich diese nicht auf den Cashflow auswirken. Damit werden dann aber auch die tatsächlichen Wertminderungen nicht erfasst, denen zum Beispiel Maschinen oder Fahrzeuge unterliegen. Deshalb ist der Cashflow als Gewinngröße eher ungeeignet.

Kennzahlensysteme

Bei einem einfachen Kennzahlensystem setzen Sie mehrere betriebswirtschaftliche Kennzahlen miteinander in Beziehung. Durch die Aufspaltung einer Spitzenkennzahl in mehrere Faktoren machen Sie die Erfolgsfaktoren, die auf die Oberkennzahl einwirken, transparent und unterstützen dadurch die Planung, Kontrolle und Steuerung dieser Kennzahl. Da diese einfachen Kennzahlensysteme aus einer Spitzenkennzahl mathematisch im Sinne einer Mittel-Zweck-Hierarchie abgeleitet werden, werden sie auch als Rechensysteme oder logisch-deduktive Kennzahlensysteme bezeichnet.

Du-Pont-Kennzahlensystem (ROI-Schema)

Das wohl bekannteste und älteste Kennzahlenschema ist das *Du-Pont-Kennzahlensystem*. Es wurde bereits 1919 von dem amerikanischen Chemiekonzern Du Pont de Nemours & Co. entwickelt und wird heute weltweit zur Bilanzanalyse und Unternehmenssteuerung verwendet. Das Du-Pont-System basiert auf dem Return on Investment (ROI) als Spitzenkennzahl. Der ROI misst zunächst in seiner einfachsten Form die Rentabilität des Gesamtkapitals:

$$ROI = \frac{Bruttogewinn}{Gesamtkapital} \cdot 100$$

Der ROI wird dann durch Erweiterung und Zerlegung weiter aufgespalten:

$$\text{ROI} = \frac{\text{Bruttogewinn}}{\text{Umsatzerlöse}} \cdot \frac{\text{Umsatzerlöse}}{\text{Gesamtkapital}} \cdot 100$$

$$= \text{Umsatzrentabilität} \cdot \text{Gesamtkapitalumschlag} \cdot 100$$

In weiteren Schritten können dann der Bruttogewinn und das Gesamtkapital weiter aufgespalten werden.

Für die Stahl AG ergibt sich für 2012 unter Verwendung der bereits ermittelten Kennzahlen ein ROI in Höhe von:

$$\text{ROI} = \text{Umsatzrentabilität} \cdot \text{Gesamtkapitalumschlag} \cdot 100 = 0{,}0407 \cdot 1{,}02 \cdot 100$$
$$= 4{,}15\ \%$$

ZVEI-System, ROE-Schema und Kennzahlen-Cockpits

Weitere bekanntere Kennzahlensysteme sind das *ZVEI-System*, das vom Zentralverband der Elektrotechnischen Industrie (ZVEI) entworfen wurde, und das *ROE-Schema* (ROE = Return on Equity) zur Aufspaltung der Eigenkapitalrentabilität in Banken. Im modernen Controlling werden immer häufiger *Kennzahlen-Cockpits* eingesetzt. Hier erfolgt die Kennzahlenerfassung und -visualisierung automatisiert über verschiedene IT-Systeme.

Kostenrechnung und Controlling: Auf Kostenbasis richtig entscheiden

In diesem Kapitel ...

- Kostenbegriffe und -verläufe
- Erfassung der Materialkosten
- Kalkulatorische Kosten
- Kalkulation der Stückkosten
- Deckungsbeitragsrechnung und Plankostenrechnung

Keine Sorge, ich werde in diesem Kapitel nicht versuchen, Ihnen die ganze Welt der Kostenrechnung und des Controllings zu erklären. Wenn Sie sich über diese beiden Bereiche des internen Rechnungswesens näher informieren möchten, sollten Sie die Kapitel 10 und 12 in *BWL für Dummies* lesen. In dieser Formelsammlung möchte ich Ihnen nur die wichtigsten Formeln und zahlenmäßigen Zusammenhänge aus dem internen Rechnungswesen vorstellen.

Die Ziele des *internen Rechnungswesens* bestehen darin, den internen Führungskräften im Unternehmen die erforderlichen Informationen und Instrumente für die Planung, Steuerung und Kontrolle des Unternehmens bereitzustellen. Typische Adressaten des internen Rechnungswesens sind daher die Unternehmensleitung und andere wichtige Entscheidungsträger wie zum Beispiel die Bereichs- oder Abteilungsleiter. Die wichtigsten Teilbereiche des internen Rechnungswesens sind Kostenrechnung, Controlling und sonstige Rechnungen (Statistik, Vergleichsrechnungen).

Kostenbegriffe

Wie lassen sich Kosten allgemein definieren? *Kosten* sind *betriebsbedingte Wertverbräuche von Produktionsfaktoren* in einer Periode. Oder etwas salopper nach Herbert Hax (einer der Urväter der Betriebswirtschaftslehre): »Kosten sind der Geldbetrag, den man mindestens erhalten muss, damit man nicht ärmer wird.«

Es gibt aber eine Reihe von weiteren Kostenbegriffen, die Sie unterscheiden können sollten. Die wichtigsten Kostenbegriffe mit den dazugehörigen Erklärungen und Beispielen finden Sie in Tabelle 8.1.

Unterscheidungskriterium	Kostenbegriff	Erklärung	Beispiel
Abhängigkeit von der Produktionsmenge (Ausbringungsmenge)	Variable Kosten	Kosten, die von der Beschäftigung abhängig sind	Kosten für Roh-, Hilfs- und Betriebsstoffe
	Fixe Kosten	Kosten, die von der Beschäftigung <u>unab</u>hängig sind	Abschreibungen auf Gebäude, Mieten
	Sprungfixe Kosten	Kosten, die nur für bestimmte Beschäftigungsintervalle fix sind	Abschreibungen auf Maschinen, da abhängig von der Anzahl der Maschinen
Zurechenbarkeit auf Kostenträger (?Verursachung) (FLR Zuschlagskalkulation)	Einzelkosten	Kosten, die einem Kostenträger (zum Beispiel Produkt) direkt (ohne Schlüsselung) zugerechnet werden können	Fertigungslohnkosten, Materialkosten, Akkordlöhne
	Echte Gemeinkosten	Kosten, die einem Kostenträger <u>nicht</u> direkt zugerechnet werden können	Abschreibungen, Stromverbrauch, Versicherungen
	Unechte Gemeinkosten	Kosten, die einem Kostenträger nicht direkt zugerechnet werden <u>sollen</u> (aus Gründen der Wirtschaftlichkeit)	Hilfsstoffe (Leim, Nägel)
Bezugsgröße	Gesamtkosten	Kosten aller in einer Periode produzierten Stücke	Gesamtkosten für die Produktionsmenge von 10.000 Stück
	Stückkosten	Kosten pro Stück	Durchschnittskosten für eines der 10.000 Stücke
	Grenzkosten	Kosten für ein zusätzlich produziertes Stück	Kostenanstieg, wenn statt 10.000 Stück 10.001 Stücke produziert werden

126

8 ➤ Kostenrechnung und Controlling

Unterschei-dungskriterium	Kostenbegriff	Erklärung	Beispiel
Zeitbezug	Istkosten	Vergangenheitskosten	Kosten des vergangenen Jahres
	Normalkosten	Durchschnittliche Kosten der Vergangenheit	Durchschnittskosten der letzten drei Jahre
	Plankosten	Zukunftsbezogene Kosten	Kosten auf Basis von Kostenschätzungen für das nächste Jahr
Kostenrechnungssystem	Vollkostenrechnung	Den Kostenträgern werden sämtliche Kosten zugerechnet	Klassische Kostenrechnung
	Teilkostenrechnung	Den Kostenträgern werden nur verursachungsgerechte Kosten zugerechnet	Deckungsbeitragsrechnung
Entscheidungsrelevanz	Relevante Kosten	Kosten, die durch eine Entscheidung (Investieren?) beeinflusst werden	Kosten fallen nur an, wenn die Investition durchgeführt wird
	Irrelevante Kosten	Kosten, die durch eine Entscheidung (Investieren?) nicht beeinflusst werden	Kosten fallen auch dann an, wenn die Investition nicht durchgeführt wird; Sonderfall Sunk Costs: Kosten, die durch eine Entscheidung in der Vergangenheit ausgelöst wurden
Abhängigkeit vom Aufwandsbegriff	Grundkosten	Zweckaufwand	Handelsrechtliche Abschreibung = kostenrechnerische Abschreibung
	Kalkulatorische Kosten	Anderskosten	Abschreibungen in der Kostenrechnung in anderer Höhe
		Zusatzkosten im Sinne von Opportunitätskosten (Kosten einer verpassten Gelegenheit)	Kalkulatorischer Unternehmerlohn

BWL-Formeln für Dummies

Unterscheidungskriterium	Kostenbegriff	Erklärung	Beispiel
Zahlungswirksamkeit	Pagatorische Kosten	Zahlungsgleiche Kosten	Mietzahlungen für angemietete Gebäude
	Kalkulatorische Kosten	Kosten, die nicht zu einer Auszahlung führen	Kalkulatorische Mieten für eigene Gebäude
Betriebswirtschaftliche Kenntnis	Kosten	Betriebswirtschaftlich korrekte Bezeichnung	Kosten eines Unternehmens
	Unkosten	Umgangssprache, betriebswirtschaftlich nicht korrekt	Kostenumlage für einen Kegelausflug

Tabelle 8.1: Übersicht Kostenbegriffe

Einige dieser Kostenbegriffe lassen sich auch in Formeln ausdrücken. Die wichtigsten Formeln finden Sie in Tabelle 8.2.

Kostenbegriff	Erklärung	Formel
Gesamtkosten	Summe aus fixen und variablen Kosten	$K = K_V + K_F$
Variable Kosten	Von der Beschäftigungsmenge x abhängige Kosten	$K_V = \dfrac{K_V}{x}$
Fixe Kosten	Von der Beschäftigungsmenge x unabhängige Kosten	$K_F = \dfrac{K_F}{x}$
Stückkosten	Gesamtkosten pro produziertem Stück	$k = \dfrac{K}{x}$
Variable Stückkosten	Von der Beschäftigungsmenge x abhängige Stückkosten	$k_V = \dfrac{K_V}{x}$
Fixe Stückkosten	Von der Beschäftigungsmenge x unabhängige Stückkosten	$k_F = \dfrac{K_F}{x}$
Grenzkosten	Zusätzliche Kosten einer weiteren Produkteinheit	$K' = \dfrac{dK}{dx}$

Legende der Symbole:

K: Gesamtkosten; k: Stückkosten; x: Produktionsmenge; K': Grenzkosten; sie werden mathematisch durch die erste Ableitung der Gesamtkostenfunktion nach x ermittelt.

Tabelle 8.2: Formeln der wichtigsten Kostenbegriffe

Zum besseren Verständnis können Sie die unterschiedlichen Kosten für die MacSpar GmbH errechnen. Dazu liegen Ihnen die folgenden Kostendaten für das letzte Jahr vor:

✔ Variable Gesamtkosten: 400.000 Euro

✔ Fixe Gesamtkosten: 200.000 Euro

✔ Produktionsmenge x = 20.000 Stück

Bei der Berechnung der Kosten kommen Sie auf die folgenden Ergebnisse:

K_V = 400.000 Euro

K_F = 200.000 Euro

$K = K_V + K_F$ = 400.000 Euro + 200.000 Euro = 600.000 Euro

$$k = \frac{K}{x} = \frac{600.000 \text{ Euro}}{20.000 \text{ Stück}} = 30 \text{ Euro/Stück}$$

$$k_V = \frac{K_V}{x} = \frac{400.000 \text{ Euro}}{20.000 \text{ Stück}} = 20 \text{ Euro/Stück}$$

$$k_F = \frac{K_F}{x} = \frac{200.000 \text{ Euro}}{20.000 \text{ Stück}} = 10 \text{ Euro/Stück}$$

$$K' = \frac{dK}{dx} = 20 \text{ Euro/Stück}$$

K' wird ermittelt, indem die Kostenfunktion

$K(x) = K_F + k_V \cdot x$ = 200.000 Euro + 20 Euro · x

nach x abgeleitet wird. In diesem Beispiel sind die variablen Stückkosten und die Grenzkosten gleich hoch. Dies setzt einen proportionalen Verlauf der variablen Kosten voraus. Was dies bedeutet und welche anderen Kostenverläufe es gibt, erfahren Sie im nächsten Abschnitt.

Kostenberechnungen als Entscheidungsbasis

Die berechneten Kosten können Ihnen bei manchen Entscheidungen im Unternehmen helfen. Hierzu einige Beispiele:

✔ **Wirtschaftlichkeit des Unternehmens:** Um die Wirtschaftlichkeit in einem Unternehmen zu überprüfen, können Sie beispielsweise die Gesamtkosten K heranziehen und einen Zeit- oder Branchenvergleich durchführen.

Das macht nur Sinn, wenn gleiche Produktionsmengen vorliegen. Sonst würde man nämlich Äpfel und Birnen miteinander vergleichen.

- ✔ **Analyse der Kostenstruktur:** Für Unternehmen ist es generell wichtig, die Kostenstruktur im Auge zu haben. Damit ist gemeint, wie sich die Gesamtkosten in Fixkosten K_F und variable Kosten K_V aufteilen. Problematisch kann insbesondere ein hoher Fixkostenanteil sein, weil das Unternehmen bei einem Nachfragerückgang die Fixkosten zumindest kurzfristig nicht senken kann und dann bei sinkenden Umsätzen schnell in die Verlustzone geraten kann. Eine solche Kostenstrukturanalyse setzt natürlich voraus, dass Sie K_F und K_V ermittelt haben.

- ✔ **Langfristige Preisuntergrenze:** Die Stückkosten k stellen die langfristige Preisuntergrenze dar, da ein Unternehmen auf lange Sicht nur überleben kann, wenn es alle Kosten aus den Umsatzerlösen abdecken kann.

- ✔ **Kurzfristige Preisuntergrenze:** Die variablen Stückkosten k_V sind die kurzfristige Preisuntergrenze eines Unternehmens, da ein Unternehmen zumindest die variablen Kosten abdecken muss. Ist der Preis für ein Produkt höher als die variablen Kosten, aber unter den Selbstkosten, kann das Unternehmen zumindest einen Teil der Fixkosten abdecken. Wird für ein Produkt aber auf Dauer nur ein Preis in Höhe der variablen Stückkosten erzielt, bleiben die Fixkosten ungedeckt und das Unternehmen erzielt Verluste.

Kostenverläufe

Eine Kostenfunktion $K = f(x)$ zeigt Ihnen den Zusammenhang zwischen den Gesamtkosten K und der Produktionsmenge x. Dabei können Sie zwischen den folgenden typischen Gesamtkostenverläufen unterscheiden:

- ✔ proportional steigende Kosten
- ✔ degressiv steigende Kosten
- ✔ progressiv steigende Kosten
- ✔ fixe Kosten
- ✔ sprungfixe Kosten

Proportional steigende Kosten

Für jedes mehr produzierte Stück erhöhen sich die Gesamtkosten um den gleichen Betrag. Die Gesamtkosten steigen daher linear an, wie Sie in Abbildung 8.1 sehen. Ein Beispiel sind konstante Materialkosten pro Stück.

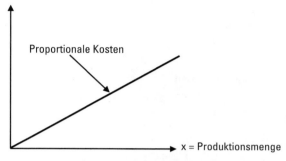

Abbildung 8.1: Proportionale Kosten

Degressiv steigende Kosten

Bei jedem mehr produzierten Stück erhöhen sich die Gesamtkosten um einen immer kleiner werdenden Betrag. Die Gesamtkosten steigen daher unterproportional an, wie Abbildung 8.2 zeigt. Ein Beispiel sind sinkende Materialkosten pro Stück durch die Nutzung von Mengenrabatten.

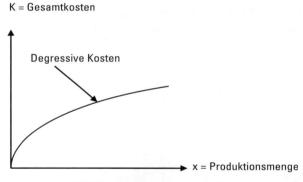

Abbildung 8.2: Degressive Kosten

Progressiv steigende Kosten

Bei jedem mehr produzierten Stück erhöhen sich die Gesamtkosten um einen immer größer werdenden Betrag. Die Gesamtkosten steigen daher überproportional an, wie Sie in Abbildung 8.3 sehen. Zum Beispiel steigen die Reparatur- und

Energiekosten einer Maschine überproportional bei einer Überbeanspruchung der Maschine.

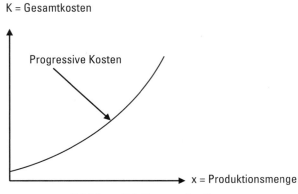

Abbildung 8.3: Progressive Kosten

Fixe Kosten

Auch bei zunehmender Produktionsmenge verändern sich die Gesamtkosten nicht. Die Gesamtkosten bleiben daher unabhängig von der Produktionsmenge konstant. Abbildung 8.4. zeigt daher eine waagerechte Kostenlinie. Das ist zum Beispiel der Fall bei der Abschreibung einer Maschine.

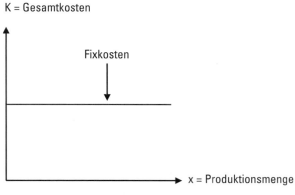

Abbildung 8.4: Fixkosten

Sprungfixe Kosten

Die Gesamtkosten sind nur in bestimmten Produktionsintervallen fix. Die Gesamtkosten steigen nur dann *sprunghaft* auf ein höheres Fixkostenniveau, wenn die Produktionsmenge ein bestimmtes Beschäftigungsniveau überschreitet. Die Fixkosten haben daher einen treppenförmigen Verlauf, wie Abbildung 8.5 zeigt. Ein Beispiel für sprungfixe Kosten sind Abschreibungen auf Maschinen. Sobald die bisherige Maschinenkapazität für eine höhere Produktionsmenge nicht mehr ausreicht, muss eine neue Maschine beschafft werden. Dadurch steigen die Abschreibungen auf einen Schlag, da jetzt eine Maschine mehr abgeschrieben werden muss. Die Kosten bleiben dann in einem Intervall wieder so lange fix, bis die nächste Maschine beschafft und abgeschrieben werden muss.

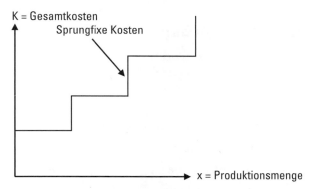

Abbildung 8.5: Sprungfixe Kosten

 Für die Wettbewerbsfähigkeit eines Unternehmens ist es vorteilhaft, wenn es gelingt, die Stückkosten zu senken. Eine wichtige Rolle spielt dabei der *Fixkostendegressionseffekt*. Er entsteht dann, wenn die bestehenden Fixkosten eines Unternehmens auf eine höhere Stückzahl umgelegt werden können. Dadurch sinken nämlich die fixen Stückkosten und dadurch auch die (gesamten) Stückkosten. Abbildung 8.6 veranschaulicht den Fixkostendegressionseffekt.

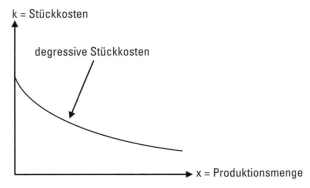

Abbildung 8.6: Fixkostendegressionseffekt

Aufbau der Kostenrechnung

Um die Kosten zu erfassen und Stückkosten für die Produkte kalkulieren zu können, muss ein Unternehmen alle anfallenden Kosten vollständig und systematisch in einer Kostenrechnung erfassen. Die Kostenrechnung ist in drei Stufen gegliedert:

- ✔ **Kostenartenrechnung:** Welche Kosten sind angefallen?
- ✔ **Kostenstellenrechnung:** Wo sind Kosten angefallen?
- ✔ **Kostenträgerrechnung:** Wofür (Produkte, Aufträge) sind Kosten angefallen?

Mehr über die einzelnen Stufen der Kostenrechnung und ihre Zusammenhänge können Sie in Kapital 12 in *BWL für Dummies* nachlesen. In dieser Formelsammlung werden wir uns in den nächsten drei Abschnitten auf die Kalkulation der Materialkosten und der kalkulatorischen Kosten (Kostenartenrechnung) so wie der Stückkosten (Kostenträgerrechnung) konzentrieren.

Erfassung der Materialkosten

Materialkosten sind der mit Preisen bewertete Verbrauch von Roh-, Hilfs- und Betriebsstoffen im Rahmen des Produktionsprozesses. Die Ermittlung der Materialkosten erfolgt in zwei Schritten:

- ✔ Ermittlung des Materialverbrauchs
- ✔ Bewertung des Materialverbrauchs

Ermittlung des Materialverbrauchs

Zur Ermittlung der Verbrauchsmengen der eingesetzten Materialien können Sie zwischen drei Verfahren wählen:

- ✔ Inventurmethode
- ✔ Skontrationsmethode
- ✔ Rückrechnung

Inventurmethode

Die *Inventurmethode* ist ein sehr einfaches und kostengünstiges Verfahren. Es setzt allerdings voraus, dass Sie am Periodenende eine körperliche Bestandsaufnahme, also eine Inventur durchführen.

>   Lageranfangsbestand (laut Inventur am Periodenanfang)
>   + Lagerzugänge (laut Lieferscheinen)
>   – Lagerendbestand (laut Inventur am Periodenende)
>   = *Materialverbrauch*

Der Nachteil ist, dass Sie den Materialverbrauch erst am Jahresende feststellen können und eine Zuordnung der Verbrauchsmengen auf Kostenstellen nicht möglich ist. Auch können Sie nicht sehen, ob der Materialverbrauch unerwünschte Ursachen (Schwund. Diebstahl, Ausschuss, Verderb) hatte.

Skontrationsmethode

Bei der *Skontrationsmethode* (auch *Fortschreibungsmethode* genannt) ermitteln Sie den Materialverbrauch anhand von Materialentnahmescheinen. Auf diesen sind die Entnahmemengen der Materialarten und die empfangenden Kostenstellen vermerkt.

>   Lagerabgänge (laut Materialentnahmescheinen)
>   = *Materialverbrauch*

Die Skontrationsmethode setzt eine Lagerverwaltung und Lagerbuchführung voraus und ist daher aufwendiger als die Inventurmethode, vermeidet aber deren Nachteile.

Rückrechnungsmethode

Bei der Rückrechnungsmethode ermitteln Sie den Materialverbrauch aus den Produktionsmengen Ihrer Endprodukte. Dazu müssen Sie allerdings aus sogenannten Stücklisten oder Prozessbeschreibungen wissen, wie hoch der planmäßige Materialverbrauch pro Stück Ihres Endprodukts ist.

Menge an Endprodukten in Stück
· Sollmaterialverbrauch pro Stück des Endprodukts
= *Materialverbrauch*

Auch die Rückrechnungsmethode ermöglicht Ihnen eine einfache und kostengünstige Ermittlung des Materialverbrauchs und bedarf auch keiner Inventur. Sie bekommen allerdings nur Informationen über den planmäßigen Materialverbrauch bei wirtschaftlichem Verhalten, sodass der tatsächliche Materialverbrauch abweichen kann.

Bewertung des Materialverbrauchs

Auch bei der Bewertung der verbrauchten Materialmengen stehen Ihnen verschiedene Verfahren zur Verfügung:

✔ Durchschnittswertverfahren

✔ Verbrauchsfolgeverfahren

✔ Festpreisverfahren

Durchschnittswertverfahren

Bei den *Durchschnittswertverfahren* ermitteln Sie auf Basis der tatsächlich gezahlten Istpreise der Vergangenheit Durchschnittspreise, mit denen Sie den Materialverbrauch bewerten. In der Praxis weitverbreitet ist das *Verfahren des gewogenen Durchschnitts*, bei dem der durchschnittliche Einkaufspreis einer Materialart aus den mit den Einkaufsmengen gewichteten unterschiedlichen Einkaufspreisen ermittelt wird.

$$\text{Durchschnittlicher Einkaufspreis} = \frac{p_1 \cdot x_1 + p_2 \cdot x_2 + \ldots + p_n \cdot x_n}{x_1 + x_2 + \ldots + x_n}$$

Legende der Symbole:

p: Einkaufspreis einer Materialart für eine bestimmte Lieferung 1, 2, ..., n

x: gelieferte Menge der Materialart bei der Lieferung 1, 2, ..., n

1, 2, ..., n: Bezeichnung der Lieferungen in einer Periode

Schauen Sie sich das Verfahren anhand eines Beispiels an: Die Salamunter GmbH benötigt für die Produktion von Schuhen als Material unter anderem Rauleder. In der vergangenen Periode gab es drei Lieferungen:

- ✔ 15.2.: 10 Tonnen zu 9.000 Euro/t
- ✔ 1.7.: 20 Tonnen zu 15.000 Euro/t
- ✔ 10.11.: 10 Tonnen zu 11.000 Euro/t

Es soll der Materialverbrauchspreis pro Kilogramm Rauleder nach dem Durchschnittswertverfahren ermittelt werden.

Durchschnittlicher Einkaufspreis
$$= \frac{9.000 \text{ Euro} \cdot 10 \text{ t} + 15.000 \text{ Euro} \cdot 20 \text{ t} + 11.000 \text{ Euro} \cdot 10 \text{ t}}{10 \text{ t} + 20 \text{ t} + 10 \text{ t}}$$
$$= 12.500 \text{ Euro/t} = 12{,}50 \text{ Euro/kg}$$

Das *Durchschnittswertverfahren* mit gewogenen Durchschnittswerten kann noch weiter verfeinert werden, wenn Sie anstelle des gewogenen Durchschnitts *mit gleitenden Durchschnitten* rechnen. Hier berechnen Sie jedes Mal innerhalb der Periode einen neuen Durchschnittspreis, sobald eine weitere Materiallieferung erfolgt ist.

Verbrauchsfolgeverfahren

Bei den *Verbrauchsfolgeverfahren* unterstellen Sie, dass die Materialen in einer bestimmten Reihenfolge (Verbrauchsfolgefiktion) verbraucht werden. Für die Bewertung des Materialverbrauchs werden dann die Preise angesetzt, die für die annahmegemäß entnommenen Materialien bezahlt wurden. Tabelle 8.3 zeigt die vier bekannten Verfahren.

Für die handelsrechtliche Bewertung von Vorräten sind nur noch das LIFO- und das FIFO-Verfahren erlaubt.

Verbrauchsfolgeverfahren	Verbrauchsfolgefiktion
FIFO = First In, First Out	Die zuerst eingekauften Materialien werden auch als Erstes verbraucht Beispiele: Materialien, die in einem Silo gelagert werden, Durchlaufregale für verderbliche Materialien
LIFO = Last In, First Out	Die zuletzt eingekauften Materialien werden auch als Erstes verbraucht Beispiele: Kies- und Sandberge, Einschubregale
HIFO = Highest In, First Out	Die Materialien mit dem höchsten Einkaufspreis pro Stück werden zuerst entnommen
LOFO = Lowest In, First Out	Die Materialien mit dem niedrigsten Einkaufspreis pro Stück werden zuerst entnommen

Tabelle 8.3: Verbrauchsfolgeverfahren

Festpreisverfahren

Beim *Festpreisverfahren* wird über einen längeren Zeitraum ein konstanter Materialpreis angesetzt, um schwankende Preise für die eingesetzten Materialien zu vermeiden und so die Kalkulation zu erleichtern. Die Bestimmung des Festpreises kann sich orientieren an

- ✔ Durchschnittspreisen der Vergangenheit,
- ✔ Wiederbeschaffungspreisen,
- ✔ Planpreisen.

Kalkulatorische Kosten

Kalkulatorische Kosten sind Kosten, denen in der Finanzbuchhaltung Aufwendungen in anderer Höhe (dann sind es Anderskosten) gegenüberstehen oder die in der Finanzbuchhaltung überhaupt nicht erfasst werden (dann sind es Zusatzkosten). Die kalkulatorischen Kosten lassen sich einteilen in:

- ✔ kalkulatorische Abschreibungen
- ✔ kalkulatorische Zinsen
- ✔ kalkulatorische Wagnisse
- ✔ kalkulatorischer Unternehmerlohn
- ✔ kalkulatorische Miete

Kalkulatorische Abschreibungen

Die kalkulatorische Abschreibung soll unabhängig von handelsrechtlichen Vorschriften die tatsächliche Wertminderung von Gegenständen des Anlagevermögens erfassen.

Sie können in der Kostenrechnung zwischen verschiedenen Abschreibungsmethoden wählen:

- ✔ **Lineare Abschreibung:** Abschreibung mit gleichen Jahresbeträgen

    $$a = \frac{A - RW}{n}$$

    mit: a = jährlicher Abschreibungsbetrag
    A = Ausgangswert (Anschaffungskosten, Herstellungskosten, Wiederbeschaffungskosten)
    RW = Restwert am Ende der Nutzungsdauer
    n = Nutzungsdauer

- ✔ **Arithmetisch-degressive Abschreibung:** Abschreibungsbeträge sinken von Jahr zu Jahr um den gleichen Betrag D

    $a = D \cdot T$

    $$D = \frac{A - RW}{N}$$

    mit: D = Degressionsbetrag
    T = Restnutzungsdauer am Beginn des Jahres
    N = Summe der einzelnen Perioden der Nutzung = $1 + 2 + 3 + \ldots + n$

- ✔ **Geometrisch-degressive Abschreibung:** Abschreibung ist konstanter Prozentsatz vom Restbuchwert der Vorperiode

    $a = RBW_{t-1} \cdot p$

    $$p = 100 \cdot (1 - \sqrt[n]{\frac{RW}{A}})$$

    mit: RBW_{t-1} = Restbuchwert des Anlagegegenstands am Ende der Vorperiode
    p = Abschreibungsprozentsatz

- ✔ **Leistungsabschreibung:** abhängig von der tatsächlichen Leistung

    $$a_t = \frac{A - RW}{LE_G} \cdot LE_t$$

mit: a_t = Abschreibung im Jahr t

LE_G = Summe aller Leistungseinheiten, die ein Anlagegut während der Nutzungsdauer (voraussichtlich) leisten kann

LE_t = die im abgelaufenen Jahr t erbrachten Leistungseinheiten

Lassen Sie uns ein Beispiel zu den kalkulatorischen Abschreibungen betrachten. Die Salamunter GmbH benötigt für die Schuhproduktion eine Maschine mit folgenden Daten:

✔ A: 100.000 Euro

✔ RW: 20.000 Euro

✔ n: 4 Jahre

✔ LP_G: 200.000 Leistungseinheiten (Schuhe)

✔ LP_1: 60.000 Leistungseinheiten (Schuhe) im ersten Jahr

Es ergeben sich dann für das <u>erste Jahr</u> die folgenden Abschreibungen:

Lineare Abschreibung:

$$\frac{A - RW}{n} = \frac{100.000 \text{ Euro} - 20.000 \text{ Euro}}{4 \text{ Jahre}} = 20.000 \text{ Euro}$$

Arithmetisch-degressive Abschreibung:

$D \cdot T = 8.000 \text{ Euro} \cdot 4 = 32.000 \text{ Euro}$

$$\text{mit } D = \frac{100.000 \text{ Euro} - 20.000 \text{ Euro}}{1 + 2 + 3 + 4} = 8.000 \text{ Euro}$$

Geometrisch-degressive Abschreibung:

$RBW_{t-1} \cdot p = 100.000 \text{ Euro} \cdot 33{,}13\ \% = 33.130 \text{ Euro}$

$$\text{mit } p = 100 \cdot (1 - \sqrt[n]{\frac{RW}{A}}) = 100 \cdot (1 - \sqrt[4]{\frac{20.000 \text{ Euro}}{100.000 \text{ Euro}}}) = 33{,}13\ \%$$

$$\text{Leistungsabschreibung} = \frac{100.000 \text{ Euro} - 20.000 \text{ Euro}}{200.000 \text{ LE}} \cdot 60.000 \text{ LE}$$

$= 24.000 \text{ Euro}$

Kalkulatorische Zinsen

In der Kostenrechnung müssen Sie berücksichtigen, dass die Finanzierung des betriebsnotwendigen Anlage- und Umlaufvermögens Zinskosten verursacht. Diese sind nicht gleich dem Zinsaufwand, der an die Fremdkapitalgeber bezahlt wird, da auch die Eigenkapitalgeber eine Verzinsung des Eigenkapitals erwarten. Will ein Unternehmen die Zinskosten für die Eigenkapital- und Fremdkapitalgeber erwirtschaften, so muss es Zinskosten für das gesamte betriebsnotwendige Kapital einkalkulieren. Da man aber nicht sagen kann, welches Eigen- und Fremdkapital betriebsnotwendig ist, nimmt man anstelle des betriebsnotwendigen Kapitals das betriebsnotwendige Vermögen.

Kalkulatorische Zinsen = Kapitalkostensatz · betriebsnotwendiges Vermögen

Als Kapitalkostensatz werden häufig die durchschnittlichen Kapitalkosten des Unternehmens (= WACC, siehe Kapital 6) verwendet.

Das betriebsnotwendige Vermögen können Sie mit den in Tabelle 8.4 gezeigten Wertansätzen ermitteln:

Position	Wertansatz
Grundstücke und Gebäude	Aktueller Zeitwert
+ Maschinen und sonstiges Anlagevermögen	Hälfte des Ausgangswerts
+ Umlaufvermögen	Durchschnittlicher Buchwert
+ nicht bilanziertes betriebsnotwendiges Vermögen (Geschäfts- oder Firmenwert)	Aktueller Zeitwert
– Kundenanzahlungen	Durchschnittlicher Buchwert
– zinslose Lieferantenverbindlichkeiten	Durchschnittlicher Buchwert
= betriebsnotwendiges Kapital	

Tabelle 8.4: Ermittlung des betriebsnotwendigen Vermögens

Der durchschnittliche Buchwert wird über die Formel

$$\text{Durchschnittlicher Buchwert} = \frac{\text{Jahresanfangsbestand} + \text{Jahresendbestand}}{2}$$

ermittelt. Bei den Maschinen und dem sonstigen Anlagevermögen wird die Hälfte des Ausgangswertes angesetzt, weil sonst die kalkulatorischen Zinsen von den Restwerten abhängig wären und sich im Zeitablauf stärkere Kostenschwankungen ergeben würden. Sonst hätte das Alter der maschinellen Anlagen Einfluss auf die Kosten und somit auch auf die Preiskalkulation. Durch den Ansatz von Durchschnittswerten wird ein *Glättungseffekt* erreicht.

Kalkulatorische Wagnisse

Kalkulatorische Wagniskosten setzen Sie an, um spezielle Einzelwagnisse wie Forderungsausfälle, Schwund, Gewährleistungen oder Diebstahl abzudecken. Das allgemeine Unternehmerrisiko (zum Beispiel Verluste durch rückläufige Nachfrage nach den Produkten) wird hier nicht erfasst, da der Unternehmer hierfür durch den Gewinn entgolten wird. Und die erwartete Verzinsung der Eigenkapitalgeber hatten Sie ja bereits bei den kalkulatorischen Zinsen berücksichtigt. Zur Berechnung der Wagniskosten benötigen Sie einen Wagnissatz, der aus Erfahrungswerten aus der Vergangenheit ermittelt werden kann.

$$\text{Wagnissatz (in \%)} = \frac{\text{durchschnittliche Wagnisverluste (Euro)}}{\text{durchschnittliche Bezugsgröße (Euro)}}$$

$$\text{Kalkulat. Wagniskosten} = \frac{\text{Wagnissatz} \cdot \text{Bezugsgröße der Periode (Euro)}}{100}$$

Kalkulatorischer Unternehmerlohn

Der *kalkulatorische Unternehmerlohn* und die kalkulatorische Miete bauen auf dem Opportunitätsgedanken (Opportunität = verpasste Gelegenheit) auf. Wenn ein Unternehmer als Geschäftsführer einer Personengesellschaft kein Gehalt bezieht, sondern aus dem Unternehmensgewinn entlohnt wird, sollte in der Kostenkalkulation trotzdem sein Gehalt berücksichtigt werden. Denn sein Gehalt sollte – wie alle anderen Personalkosten auch – in die Preiskalkulation eingehen. Als kalkulatorischer Unternehmerlohn können Sie im Sinne von Opportunitätskosten das Gehalt ansetzen, das der Geschäftsführer in einem vergleichbaren Unternehmen erhalten würde.

Kalkulatorische Miete

Eine *kalkulatorische Miete* sollten Sie berücksichtigen, wenn Räume betrieblich genutzt werden, die sich im Privatbesitz des Unternehmers befinden. Als kalkulatorische Miete können Sie nach dem Opportunitätsgedanken den Betrag ansetzen, den der Unternehmer bei der Vermietung der Räume an Dritte erhalten würde.

Warum Sie kalkulatorische Kosten berücksichtigen sollten

Der Ansatz von kalkulatorischen Kosten dient folgenden Zielen:

✔ Erfassung des tatsächlichen Ressourcenverbrauchs (kalkulatorische Abschreibungen, kalkulatorische Miete)

✔ bessere Vergleichbarkeit unterschiedlich finanzierter Unternehmen und Berücksichtigung der Verzinsungsansprüche der Eigenkapitalgeber (kalkulatorische Zinsen)

✔ Glättung von zufällig und sporadisch anfallenden Aufwendungen durch zeitliche Durchschnittsbildung (kalkulatorische Wagnisse)

✔ bessere Vergleichbarkeit von Unternehmen mit unterschiedlichen Eigentumsstrukturen (kalkulatorischer Unternehmerlohn, kalkulatorische Miete)

Kalkulation der Stückkosten

Für die Kalkulation der Stückkosten in der Kostenträgerrechnung haben Sie die Wahl zwischen den folgenden Verfahren:

✔ Divisionskalkulation

✔ Äquivalenzziffernkalkulation

✔ Zuschlagskalkulation

✔ Kuppelproduktkalkulation

Einstufige Divisionskalkulation

Dieses einfache Kalkulationsverfahren sollten Sie wählen, wenn Ihr Unternehmen nur ein Produkt im Wege einer Massenfertigung herstellt (zum Beispiel Strom, Wasser, Kies, Rohzucker).

Bei der *einstufigen Divisionskalkulation* teilen Sie die Gesamtkosten durch die Produktionsmenge.

$$k = \frac{K}{x}$$

mit: k = Stückkosten eines Produkts

K = Gesamtkosten

x = Produktionsmenge

Zwei- oder mehrstufige Divisionskalkulation

Die *zwei- oder mehrstufige Divisionskalkulation* sollten Sie anwenden, wenn der Produktionsprozess in mehreren Fertigungsstufen verläuft und/oder Lagerbestände auftreten. Die Gesamtkosten werden hier auf mehrere Kostenstellen aufgeteilt. Die Stückkosten pro Kostenstelle werden berechnet, indem die Kosten einer Kostenstelle durch die produzierten Mengen (bei den Herstellkosten) oder durch die abgesetzten Mengen (bei den Verwaltungs- und Vertriebskosten) dividiert werden. Die gesamten Stückkosten ergeben sich bei der *mehrstufigen Divisionskalkulation* aus der Addition der Stückkosten pro Kostenstelle.

$$k = \frac{K_{KST\,1}}{x_{KST\,1}} + \frac{K_{KST\,2}}{x_{KST\,2}} + \ldots + \frac{K_{KST\,n}}{x_{KST\,n}}$$

mit: KST = Kostenstelle

1,2, ..., n = Bezeichnung der Kostenstelle

Äquivalenzziffernkalkulation

Stopp – sprechen Sie den Begriff »Äquivalenzziffernkalkulation« bitte erst einmal unfallfrei aus, bevor Sie weiterlesen.

Glückwunsch! Jetzt kann es weitergehen. Mit der *Äquivalenzziffernkalkulation* sollten Sie rechnen, wenn in Ihrem Unternehmen mehrere artverwandte Produkte (Sortenfertigung) mit fertigungstechnischen Ähnlichkeiten (zum Beispiel Holzverarbeitung, Automobilproduktion) hergestellt werden. Das Geheimnis dieser Methode besteht darin, dass Sie für die artverwandten Produkte einmalig die (möglichst konstant bleibenden) Kostenverhältnisse zueinander festlegen. Diese bezeichnen Sie dann als Äquivalenzziffern (Kostengewichtungsziffern). Je höher die Äquivalenzziffer eines Produkts ist, desto höher ist am Ende dann auch die Kostenbelastung dieses Produkts.

Die Selbstkosten jeder Sorte ermitteln Sie in fünf Schritten:

1. Bestimmen Sie eine Sorte als Vergleichsmaßstab (Einheitssorte).

2. Legen Sie die Äquivalenzziffern der einzelnen Sorten fest. Dabei orientieren Sie sich an den Kostenverhältnissen der verschiedenen Sorten zur Einheitssorte.

3. Multiplizieren Sie die Äquivalenzziffer jeder Sorte mit der produzierten Menge. Als Ergebnis erhalten Sie die sogenannten Rechnungseinheiten einer Sorte.

4. Teilen Sie die Gesamtkosten durch die Summe der Recheneinheiten aller Sorten. Das Ergebnis sind dann die Stückkosten pro Recheneinheit.

5. Ermitteln Sie die Selbstkosten pro Stück einer Sorte, indem Sie die Selbstkosten pro Recheneinheit mit der Äquivalenzziffer der Sorte multiplizieren.

Das in Tabelle 8.5 gezeigte Beispiel verdeutlicht die Vorgehensweise.

Sorte	A	B (Einheitssorte)	C	Gesamtwert
Produktionsmenge (1)	20.000	40.000	10.000	
Äquivalenzziffern (2)	0,75	1,0	2,0	
Recheneinheiten (3) = (1) · (2)	15.000	40.000	20.000	(4) 75.000
Gesamtkosten				(5) 375.000 Euro
Stückkosten pro Recheneinheit = (5) : (4)				(6) 5 Euro pro Recheneinheit
Selbstkosten pro Stück = (6) · (2)	3,75 Euro	5 Euro	10 Euro	

Tabelle 8.5: Beispiel einer Äquivalenzziffernkalkulation

Zuschlagskalkulation

Die Zuschlagsmethode sollten Sie wählen, wenn in Ihrem Unternehmen eine Einzelfertigung (Bau von Schiffen oder Brücken) oder Serienfertigung mit artverschiedenen Produkten (Automobilproduktion) stattfindet. Sie ist in der Kostenrechnungspraxis weit verbreitet. Die Methode basiert darauf, dass die Gesamtkosten eines Unternehmens in *Einzel- und Gemeinkosten* aufgespalten werden können. Den Kostenträgern (Produkte, Aufträge) werden dann die Einzelkosten direkt und die Gemeinkosten über *Zuschlagssätze* zugerechnet. Unterarten der Zuschlagskalkulation sind:

✔ einstufige oder summarische Zuschlagskalkulation

✔ mehrstufige oder differenzierende Zuschlagskalkulation

✔ Bezugsgrößenkalkulation

Einstufige (summarische) Zuschlagskalkulation

Bei der *einstufigen Zuschlagskalkulation*, auch *summarische Zuschlagskalkulation* genannt, verrechnen Sie die Gemeinkosten mit einem einzigen Zuschlagssatz auf die Kostenträger weiter. Ein Beispiel ist die Kalkulation der Selbstkosten pro Stück auf Basis nur eines Gemeinkostenzuschlagssatzes, der die gesamten Einzelkosten im Nenner als Bezugsgröße hat.

$$\text{Gemeinkostenzuschlagssatz (\%)} = \frac{\text{alle Gemeinkosten}}{\text{alle Einzelkosten}} \cdot 100$$

Selbstkosten pro Stück = Einzelkosten pro Stück + Gemeinkosten pro Stück
= Einzelkosten pro Stück + Einzelkosten pro Stück · Gemeinkostenzuschlagssatz (%)

Mehrstufige (differenzierende) Zuschlagskalkulation

Bei der *mehrstufigen* oder *differenzierenden Zuschlagskalkulation* ermitteln Sie in der Kostenstellenrechnung für die Kostenstellen mehrere Zuschlagssätze. Die Kosten eines Kostenträgers bestehen aus verschiedenen Einzel- und Gemeinkosten. Die einzelnen Bestandteile der Selbstkosten setzen sich typischerweise aus den in Tabelle 8.6 enthaltenen Bestandteilen zusammen.

Kostenbestandteile	Differenzierung	Bezugsbasis der Zuschlagssätze
Materialkosten	Materialeinzelkosten	
	Materialgemeinkosten	Materialeinzelkosten
+ Fertigungskosten	Fertigungseinzelkosten	
	Fertigungsgemeinkosten	Fertigungseinzelkosten
	Sondereinzelkosten der Fertigung	
= Herstellkosten		Materialkosten + Fertigungskosten
+ Verwaltungsgemeinkosten		Herstellkosten
+ Vertriebskosten	Vertriebseinzelkosten	
	Vertriebsgemeinkosten	Herstellkosten
	Sondereinzelkosten des Vertriebs	
= Selbstkosten		

Tabelle 8.6: Stückkostenkalkulation in der mehrstufigen Zuschlagskalkulation

Ein komplettes Zahlenbeispiel, in dem auch die Herleitung der Zuschlagssätze in der Kostenstellenrechnung genau beschrieben wird, finden Sie in Kapitel 12 in *BWL für Dummies*.

Bezugsgrößenkalkulation

Bei der *Bezugsgrößenkalkulation* legen Sie für jede Kostenstelle individuelle Bezugsgrößen fest, um eine genauere Kostenverursachung zu ermöglichen. Ein verbreitetes Beispiel hierfür ist die *Maschinenstundensatzkalkulation*, bei der die Maschinenlaufzeiten als Verteilungsgrundlage der Gemeinkosten verwendet werden.

Kuppelkalkulation

Eine *Kuppelproduktion* liegt vor, wenn in einem Produktionsprozess aus bestimmten Ausgangsmaterialien (Beispiel: Rohöl) zwangsläufig mehrere Produkte (Beispiel: Benzin, Gas, Öle) anfallen. Da sich die Produktionskosten bei der Kuppelproduktion kaum verursachungsgerecht aufteilen lassen, gibt es zwei Behelfsverfahren, die die Gesamtkosten nach dem Prinzip der Kostentragfähigkeit zurechnen:

✔ Restwertmethode

✔ Marktwertmethode

Restwertmethode

Die *Restwertmethode* ist geeignet, wenn bei der Kuppelproduktion ein Hauptprodukt und mehrere Nebenprodukte entstehen. Es wird unterstellt, dass sich die Kosten und Erlöse der Nebenprodukte ausgleichen. Daher werden dann die verbleibenden Kosten (Restwert) dem Hauptprodukt zugerechnet.

$$k_H = \frac{K - K_{N1} - K_{N2}}{x_H}$$

mit: k_H = Stückkosten der Hauptprodukts

K = Gesamtkosten der Kuppelproduktion

K_{N1} = Kosten des ersten Nebenprodukts

K_{N2} = Kosten des zweiten Nebenprodukts

x_H = Produktionsmenge des Hauptprodukts

Marktwertmethode

Die *Marktwertmethode* wird angewendet, wenn mehrere Hauptprodukte entstehen. Die Vorgehensweise entspricht der Äquivalenzziffernrechnung (siehe weiter vorn in diesem Kapitel), wobei als Äquivalenzziffern die Marktpreise dienen.

Kalkulationsverfahren im Überblick

Die Auswahl der Methode zur Kalkulation der Stückkosten ist abhängig vom Fertigungsverfahren. Tabelle 8.7 hilft Ihnen bei der Entscheidung, wann Sie welches Kalkulationsverfahren anwenden sollten.

Produktklassifikation	Fertigungsverfahren	Beispiel	Kalkulationsmethode
Ein Produkt	Massenfertigung	Stromerzeugung	Divisionskalkulation
Mehrere artverwandte Produkte	Sortenfertigung	Brauerei	Äquivalenzziffernkalkulation
Mehrere artverschiedene Produkte	Serienfertigung	Automobilproduktion	Zuschlagskalkulation
	Einzelfertigung	Schiffbau	
Mehrere technisch verbundene Produkte	Kuppelproduktion	Raffinerie (Benzin, Öl, Gas)	Restwertmethode
			Marktwertmethode

Tabelle 8.7: Kalkulationsverfahren im Überblick

Deckungsbeitragsrechnung

Ein Hauptproblem bei der Kalkulation der Stückkosten ist eine häufig nicht verursachungsgerechte Schlüsselung der Gemeinkosten. Einen Ausweg bietet die *Teilkostenrechnung*. Der Unterschied zur Vollkostenrechnung besteht darin, dass bei der Teilkostenrechnung die Kosten in fixe und in variable Kosten aufgespalten werden und den Produkten nur die Kosten zugerechnet werden, bei denen ein *Verursachungszusammenhang* besteht. Die Fixkosten, die den Kostenträgern nicht verursachungsgerecht zugerechnet werden können, werden in einer Summe von den Deckungsbeiträgen abgezogen.

8 ➤ Kostenrechnung und Controlling

Im Mittelpunkt der Deckungsbeitragsrechnung steht die Ermittlung von Deckungsbeiträgen. Dabei unterscheiden Sie bitte zwischen dem *Deckungsbeitrag* eines Produkts *insgesamt* (= DB) und dem Deckungsbeitrag *pro Stück* (db):

$$DB = U - K_v$$

mit: DB = Gesamtdeckungsbeitrag einer Produktart

U = Umsatzerlöse (netto) eines Produkts

K_v = variable Gesamtkosten eines Produkts

Der *Deckungsbeitrag* DB sagt Ihnen, welchen Beitrag eine Produktart zur Abdeckung der fixen Kosten und zur Gewinnerzielung leistet.

$$db = p - k_v$$

mit: db = Deckungsbeitrag pro Stück

p = Preis pro Stück

k_v = variable Stückkosten

Der *Deckungsbeitrag pro Stück* (auch *Deckungsspanne* genannt) db gibt an, um welchen Betrag sich das Betriebsergebnis ändert, wenn Sie ein Stück des Produkts mehr produzieren.

Nach dem Ausmaß der Differenzierung der Fixkosten werden zwei Arten unterschieden:

✔ einstufige Deckungsbeitragsrechnung

✔ mehrstufige Deckungsbeitragsrechnung

Einstufige Deckungsbeitragsrechnung

Bei der *einstufigen Deckungsbeitragsrechnung* (*Direct Costing*) ermitteln Sie die Deckungsbeiträge der Produkte und ziehen sämtliche Fixkosten in einer Summe (quasi »en bloc«) von den Deckungsbeiträgen ab. Tabelle 8.8 zeigt Ihnen die einstufige Deckungsbeitragsrechnung an einem Zahlenbeispiel.

Die einstufige Deckungsbeitragsrechnung ist ein einfaches, aber auch ein recht grobes Tool, da die Fixkosten pauschal in einem Block verrechnet werden. Eine differenzierte Behandlung der Fixkosten ermöglicht Ihnen die mehrstufige Deckungsbeitragsrechnung.

Produktart	A	B	C
Umsatzerlöse	100.000	160.000	80.000
– variable Kosten	40.000	90.000	30.000
= Deckungsbeitrag	60.000	70.000	50.000
Summe der Deckungsbeiträge		180.000	
– Fixkosten		100.000	
= Betriebserfolg		80.000	

Tabelle 8.8: Einstufige Deckungsbeitragsrechnung (Zahlen in Euro)

Mehrstufige Deckungsbeitragsrechnung

Bei der *mehrstufigen Deckungsbeitragsrechnung* teilen Sie die Fixkosten auf unterschiedliche Verrechnungsebenen auf, sofern Sie Fixkosten einer Verrechnungsebene eindeutig und verursachungsgerecht zurechnen können. Typische *Verrechnungsebenen* für die Fixkosten sind:

- ✔ **Produkte**, zum Beispiel Entwicklungskosten für eine Produktart

- ✔ **Produktgruppen**, zum Beispiel Kosten für eine Spezialmaschine, die zur Erstellung sämtlicher Produkte einer Produktgruppe genutzt wird

- ✔ **Unternehmensbereiche**, zum Beispiel Kosten für die Verwaltung eines Unternehmensbereichs

- ✔ **Gesamtunternehmen**, zum Beispiel Kosten der Unternehmensführung

Den typischen Aufbau der mehrstufigen Deckungsbeitragsrechnung zeigt Ihnen das Zahlenbeispiel aus Tabelle 8.9.

Mehrstufige Deckungsbeitragsrechnung

Unternehmens-bereiche	Europa			Asien		Gesamtwerte
Produktgruppen	I	II		III		
Produktarten	A	B	C	D	E	
Umsatzerlöse – variable Kosten Produktart	2.000 800	5.000 3.000	1.500 1.200	1.000 800	3.000 1.500	12.500 7.300
Deckungsbeitrag I – fixe Kosten Produktart	1.200 800	2.000 1.200	300 500	200 150	1.500 800	5.200 3.450
Deckungsbeitrag II	400	800	–200	50	700	1.750
– fixe Kosten Produktgruppe	600		100	500		1.200
Deckungsbeitrag III	600		–300	250		550
– fixe Kosten Unternehmens-bereich	200			80		280
Deckungsbeitrag IV	100			170		270
– fixe Kosten Gesamtunternehmen	170					170
= Betriebsergebnis	100					100

Tabelle 8.9: Mehrstufige Deckungsbeitragsrechnung (alle Zahlen in Mio. Euro)

Anwendungsbereiche der Deckungsbeitragsrechnung

Die Deckungsbeitragsrechnung kann Ihnen bei den folgenden betriebswirtschaftlichen Entscheidungen helfen:

✔ **Kostenpolitik:** Ermittlung der Deckungsbeiträge und Kontrolle der Wirtschaftlichkeit von Produktarten und Produktgruppen, Auffinden von Kostensenkungspotenzialen durch Kostenvergleiche (Zeit- und Branchenvergleich)

- ✔ **Make-or-buy-Entscheidungen:** Beurteilung, ob eine Eigenfertigung kostengünstiger als ein Fremdbezug ist

- ✔ **Produktsortimentspolitik:** Steuerung des Produktportfolios nach Deckungsbeiträgen. Identifikation ertragsschwacher Produktarten

- ✔ **Preispolitik:** Festlegung von Preisuntergrenzen

- ✔ **Produktionsprogrammplanung** bei Engpässen

- ✔ **Kundenpolitik:** Bestimmung der Deckungsbeiträge von Kundengruppen und Kunden sowie Kundenselektion

- ✔ **Bereichs-/Standortpolitik:** Ermittlung der Deckungsbeiträge und Kontrolle der Wirtschaftlichkeit von Unternehmensbereichen, Regionen und Standorten

- ✔ **Investitionspolitik:** Hinweise, wo sich Investitionen lohnen könnten

- ✔ **Controlling:** Planung, Steuerung und Kontrolle des Betriebsergebnisses

Plankostenrechnung

Bei der *Plankostenrechnung* greifen Sie nicht auf Istkosten oder Durchschnittskosten aus der Vergangenheit zurück, sondern kalkulieren mit *zukünftig erwarteten Kosten* für kommende Zeiträume (= *Plankosten*).

Die wichtigsten Aufgaben der Plankostenrechnung sind:

- ✔ **Kostenplanung:** Bereitstellung von Plankosten für Entscheidungen

- ✔ **Kostenkontrolle:** Vergleich von Plankosten und Istkosten

Die Plankostenrechnung können Sie als Vollkostenrechnung und als Teilkostenrechnung durchführen. Die beiden wichtigsten Varianten sind:

- ✔ starre Plankostenrechnung auf Vollkostenbasis

- ✔ flexible Plankostenrechnung auf Teilkostenbasis (Grenzplankostenrechnung)

Starre Plankostenrechnung auf Vollkostenbasis

Bei den starren Plankosten auf Vollkostenbasis kalkulieren Sie wie in der Vollkostenrechnung mit sämtlichen Kosten und verzichten auf eine Trennung von fixen und variablen Kosten.

Für die starre Plankostenrechnung brauchen Sie die folgenden Formeln:

$K_P = x_P \cdot p_P$

$K_{ver} = \dfrac{K_P}{x_P} \cdot x_I$

$K_I = x_I \cdot p_I$

Gesamtabweichung = $K_I - K_{ver}$

mit: K_P = Plankosten

x_P = Planmenge

p_P = Planpreis pro Stück

K_{ver} = verrechnete Plankosten

x_I = Istbeschäftigung

K_I = Istkosten

p_I = Istpreis

Lange Formeln, kurzes Beispiel:

Die Salamunter GmbH möchte gerne die Plankosten kalkulieren. Sie rechnet für das kommende Jahr mit einer Produktionsmenge x_P von 100.000 Schuhen und Stückkosten von 20 Euro pro Schuh (= p_P). Die Plankosten betragen dann:

$K_P = x_P \cdot p_P$ = 100.000 Schuhe · 20 Euro/Schuh = 2.000.000 Euro

Am Ende des Jahres stellt sich heraus, dass nur 80.000 Schuhe (= x_I) produziert wurden zu tatsächlichen Stückkosten von 22 Euro pro Schuh (= p_I). Die Geschäftsführung möchte nun wissen, wie hoch die Gesamtabweichung zwischen verrechneten Plankosten K_{ver} und den Istkosten K_I ist.

$K_{ver} = \dfrac{K_P}{x_P} \cdot x_I = \dfrac{2.000.000 \text{ Euro}}{100.000 \text{ Schuhe}} \cdot 80.000 \text{ Schuhe} = 1.600.000 \text{ Euro}$

$K_I = x_I \cdot p_I$ = 80.000 Schuhe · 22 Euro/Schuh = 1.760.000 Euro

Gesamtabweichung = $K_I - K_{ver}$ = 1.760.000 − 1.600.000 Euro = 160.000 Euro

Die Gesamtabweichung können Sie auch grafisch wie in Abbildung 8.7 darstellen.

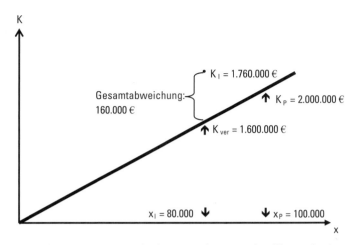

Abbildung 8.7: Starre Plankostenrechnung auf Vollkostenbasis

Diese Gesamtabweichung kann folgende Ursachen haben:

- ✔ **Preisabweichung:** Die Schuhproduktion war teurer als erwartet, da sich die Materialpreise für Leder unerwartet verteuert haben.

- ✔ **Verbrauchsabweichung:** Die Stückkosten waren deshalb höher als erwartet, weil bei der Produktion (beispielsweise aufgrund von Verschwendung) mehr Materialien als sonst pro Schuh üblich verbraucht wurden.

- ✔ **Beschäftigungsabweichung:** Die Gesamtabweichung ist auf ungenau verrechnete Fixkosten durch die sogenannte *Fixkostenproportionalisierung* zurückzuführen.

Die Geschäftsführung möchte den Ursachen genauer auf den Grund gehen und insbesondere eine Beschäftigungsabweichung ausschließen. Sie bittet daher um eine genauere Abweichungsanalyse in Form einer flexiblen Plankostenrechnung auf Teilkostenbasis.

Flexible Plankostenrechnung auf Teilkostenbasis (Grenzplankostenrechnung)

Bei der *flexiblen Plankostenrechnung auf Teilkostenbasis* trennen Sie die Plankosten in Fixkosten und variable Kosten. Die fixen Plankosten berücksichtigen Sie in der flexiblen Plankostenrechnung überhaupt nicht, sondern übernehmen sie sofort in die Betriebsergebnisrechnung. Dadurch vermeiden Sie automatisch das Problem der ungenauen Verrechnung von Fixkosten, sodass keine Beschäftigungsabweichung auftreten kann.

Ergänzen Sie deshalb die Formeln folgendermaßen:

$K_P = K_F + K_V$

$K_S = \dfrac{K_V}{x_P} \cdot x_I$

$K_{vI} = x_I \cdot p_I - K_F$

Gesamtabweichung = $K_{vI} - K_S$

mit: K_V = variable Plankosten

K_F = fixe Plankosten

K_S = verrechnete variable Sollkosten

K_{vI} = variable Istkosten

Zurück zu unserem Beispiel: Die Plankosten für die Schuhproduktion der Salamunter GmbH im kommenden Jahr betragen 2.000.000 Euro. Davon sind 500.000 Euro Fixkosten und 1.500.000 Euro variable Kosten. Jetzt können Sie die Sollkosten und die Gesamtabweichung auf Teilkostenbasis berechnen:

$K_P = K_F + K_V$ = 500.000 Euro + 1.500.000 = 2.000.000 Euro

$K_S = \dfrac{K_V}{x_P} \cdot x_I = (\dfrac{1.500.000 \text{ Euro}}{100.000 \text{ Schuhe}} \cdot 80.000 \text{ Schuhe}) = 1.200.000$ Euro

$K_{vI} = x_I \cdot p_I - K_F$ = 80.000 Schuhe · 22 Euro/Schuh – 500.000 Euro

= 1.760.000 Euro – 500.000 Euro = 1.260.000 Euro

Gesamtabweichung = $K_{vI} - K_S$ = 1.260.000 Euro – 1.200.000 Euro
= 60.000 Euro

In Abbildung 8.8 sehen Sie die grafische Darstellung der Ergebnisse.

Die neu berechnete Gesamtabweichung von 60.000 Euro ist auf eine Preisabweichung und/oder Verbrauchsabweichung zurückzuführen. Die genaueren Ursachen können Sie nur über weitere Analysen ermitteln.

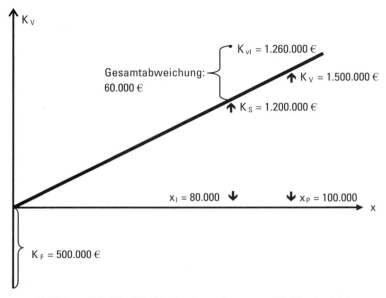

Abbildung 8.8: Flexible Plankostenrechnung auf Teilkostenbasis

Die Gesamtabweichung in der flexiblen Plankostenrechnung auf Teilkostenbasis mit 60.000 Euro ist um 100.000 Euro niedriger als die Gesamtabweichung in der Plankostenrechnung auf Vollkostenbasis mit 160.000 Euro. Woher kommt die Differenz? Ganz einfach: In der Plankostenrechnung auf Vollkostenbasis wurde ein zu starker Abbau von Fixkosten (Fixkostenproportionalisierung) unterstellt.

Teil IV
Formeln zur Unternehmensführung

The 5th Wave — By Rich Tennant

»Ich habe ein Bewerbungsgespräch bei einer Anwaltskanzlei und möchte einen guten Eindruck machen.«

In diesem Teil ... geht es um die wichtigsten Formeln zur Unternehmensführung. Zunächst lernen Sie in Kapitel 9 Kennzahlen zur Personalführung kennen. Diese sind besonders wichtig, denn schließlich sind die Mitarbeiter doch das wichtigste Kapital des Unternehmens und von herausragender Bedeutung für den Unternehmenserfolg!

In Kapitel 10 beschäftigen wir uns dann mit den Kennzahlen zur wertorientierten Unternehmensführung. Die wertorientierten Kennzahlen helfen Ihnen dabei, Ansatzpunkte und Hebel zu erkennen, wie Sie nachhaltige Wertsteigerungen ermöglichen können. Zum Abschluss des Kapitels lernen Sie die Balanced Scorecard als ein Steuerungsinstrument kennen, das die für ein Unternehmen wichtigsten Kennzahlen aus unterschiedlichen Bereichen zusammenfasst.

Personalführung: Kennzahlen zur Personaloptimierung

In diesem Kapitel ...

- Personalbedarfsplanung: den Bedarf an Mitarbeitern bestimmen
- Personalbeschaffung: die richtigen Mitarbeiter auswählen
- Lohnformen: die Mitarbeiter nach Zeit oder nach Leistung bezahlen
- Personalcontrolling: die Personalkosten planen, steuern und kontrollieren

*D*ieses Kapitel beschäftigt sich mit einem besonders wichtigen Kapital Ihres Unternehmens: den Mitarbeitern! Ziel der Personalführung (Personalwirtschaft, Personalmanagement, Personalwesen) ist die Optimierung sämtlicher personenbezogener Maßnahmen (Planung, Beschaffung und Einsatz der Mitarbeiter) zur Erreichung der Unternehmensziele.

Für die herausragende Bedeutung der Personalführung für den Unternehmenserfolg sprechen folgende Argumente:

- ✔ **Personal als Wettbewerbsfaktor:** Um im globalen Wettbewerb bestehen zu können, müssen sich Unternehmen einen Wettbewerbsvorsprung sichern. Da eine Differenzierung bei den anderen Produktionsfaktoren wie Werkstoffen oder technischen Anlagen aufgrund der weltweit offenen Märkte kaum noch möglich ist, ist die Qualität und die Motivation der eigenen Mitarbeiter heute auf vielen Märkten der entscheidende Wettbewerbsfaktor.

- ✔ **Personal als Kostenfaktor:** Trotz des zunehmenden Ersatzes von Mitarbeitern durch Maschinen und die EDV haben die Personalkosten immer noch einen hohen Anteil an den Gesamtaufwendungen der Unternehmen. Die Bedeutung der Personalaufwendungen als Kostenfaktor wird über die *Personalaufwandsquote* gemessen:

$$\text{Personalaufwandsquote} = \frac{\text{Personalaufwand}}{\text{Gesamtleistung}} \cdot 100$$

Die Personalaufwandsquote der deutschen Unternehmen liegt je nach Branche und Größe meist zwischen 15 % (Handel) und 30 % (verarbeitendes Gewerbe). Die durchschnittliche Personalaufwandsquote in Deutschland lag im Jahr 2010 bei 18,2 %.

Wegen der Kündigungsschutzbestimmungen haben Personalaufwendungen meistens den Charakter von Fixkosten. Treffen Sie daher Personalentscheidungen besonders vorsichtig.

✔ **Personal als soziale Größe:** Die Leistung der Mitarbeiter hängt entscheidend von der Qualifikation und der Motivation ab. Daher kann es nicht das Ziel eines Unternehmens sein, die Mitarbeiter nur als Kostenfaktor zu verstehen, eine Kostenminimierung anzustreben und nur Niedriglöhne zu bezahlen. Beispielsweise können Sie die *Leistungsmotivation der Mitarbeiter* durch eine leistungsorientierte Vergütung, Weiterbildungsmöglichkeiten oder Selbstverwirklichungsmöglichkeiten am Arbeitsplatz fördern.

Die Reputation des Unternehmens kann durch die Personalführung beeinflusst werden. So kann sich das Unternehmensimage zum Beispiel durch in der Öffentlichkeit kritisch aufgenommene Personalabbaumaßnahmen oder durch Kündigungsschicksale einzelner Mitarbeiter verschlechtern.

Personalbedarfsplanung

Mithilfe der *Personalbedarfsplanung* vergleichen Sie den gegenwärtigen Bestand an Mitarbeitern (Istbestand) mit der zukünftig benötigten Personalkapazität (Sollbestand) unter Berücksichtigung der voraussichtlichen Personalzugänge und Personalabgänge. Aus dem Soll-Ist-Vergleich entnehmen Sie, ob eine weitere Personalbeschaffung oder ein Personalabbau notwendig ist.

Die einzelnen Arbeitsschritte der Personalbedarfsplanung finden Sie in Tabelle 9.1.

Zur Bestimmung des Sollpersonalbedarfs im Arbeitsschritt 1 stehen Ihnen verschiedene Verfahren wie das *Stellenermittlungsverfahren* oder das *Kennzahlenverfahren* zur Verfügung. Näheres hierzu finden Sie in Kapital 9 in *BWL für Dummies*.

9 ➤ Personalführung: Kennzahlen zur Personaloptimierung

Schritt	Formel	Beispiel
1	Sollpersonalbedarf am Periodenende	Nach der Unternehmensplanung notwendiger Personalbestand in einem Jahr
2	– vorhandener Personalbestand am Periodenanfang	Personalbestand heute
3	+ voraussichtliche Personalabgänge während der Periode	Altersbedingtes Ausscheiden von Mitarbeitern, Fluktuation innerhalb des kommenden Jahres
4	– voraussichtliche Personalzugänge während der Periode	Voraussichtliche Personalzugänge innerhalb des nächsten Jahres (Übernahme von Auszubildenden)
5	= Nettopersonalbedarf	Falls Saldo > 0: erwarteter zusätzlicher Personalbedarf Falls < 0: erwarteter abzubauender Personalüberhang

Tabelle 9.1: Personalbedarfsermittlung

Aber Vorsicht: Die Ermittlung des Personalbedarfs ist in der Praxis nicht ganz so einfach, wie man vermuten könnte. Denn Sie müssen wissen,

✔ **wie viele Mitarbeiter** Ihr Unternehmen benötigt (siehe dazu Tabelle 9.1),

✔ **welche Qualifikation** die einzelnen Mitarbeiter haben müssen,

✔ **wann** sie verfügbar seien sollten und

✔ **wo** sie benötigt werden.

Personalbeschaffung

Aus den gerade genannten Anforderungen folgt, dass Sie dafür sorgen müssen, dass die erforderlichen Mitarbeiter in *quantitativer, qualitativer, zeitlicher und örtlicher Hinsicht* zur Verfügung stehen. Für die Personalbeschaffung und -auswahl können Sie die folgenden Kennzahlen nutzen:

Ausbildungsplatzattraktivität

Diese Kennzahl sagt Ihnen, wie attraktiv Ihr Unternehmen aus Sicht der Bewerber um Ausbildungsplätze ist.

$$\text{Ausbildungsplatzattraktivität} = \frac{\text{Anzahl Bewerber}}{\text{Anzahl Ausbildungsplätze}}$$

Vorstellungsquote

Diese Relation sagt Ihnen, wieviel Prozent der Bewerber zum Vorstellungsgespräch eingeladen wurden.

$$\text{Vorstellungsquote} = \frac{\text{Vorstellungsgespräche}}{\text{Anzahl der Bewerbungen}} \cdot 100$$

Einstellungsquote

Je niedriger diese Quote ist, desto mehr Interessenten gab es für eine bestimmte Anzahl freier Stellen, die nun besetzt sind.

$$\text{Einstellungsquote} = \frac{\text{abgeschlossene Arbeitsverträge}}{\text{Anzahl der Bewerbungen}} \cdot 100$$

Effizienz der Personalbeschaffung

Diese Kennzahl gibt Auskunft über den Erfolg Ihrer Beschaffungsmaßnahmen, mit denen Sie Interessierte zu Bewerbungen motivieren wollten.

$$\text{Effizienz der Personalbeschaffung} = \frac{\text{Bewerbungen}}{\text{Beschaffungsmaßnahme}}$$

Grad der Personaldeckung

Diese Kennzahl sollte möglichst 100 % sein, denn schließlich sollen ja alle offenen Stellen besetzt werden.

$$\text{Grad der Personaldeckung} = \frac{\text{tatsächliche Einstellungen}}{\text{Anzahl benötigter Mitarbeiter}} \cdot 100$$

9 ➤ Personalführung: Kennzahlen zur Personaloptimierung

Produktivität der Personalbeschaffung

Diese Kennzahl hilft Ihnen dabei zu beurteilen, wie effizient Ihre Mitarbeiter in der Personalbeschaffung arbeiten.

$$\text{Produktivität der Personalbeschaffung} = \frac{\text{Bewerbungen/Einstellungen}}{\text{Beschaffungsmitarbeiter}}$$

Personalbeschaffungskosten pro Einstellung

Auch bei der Personalbeschaffung sollten Sie auf die Kosten achten.

$$\frac{\text{Personalbeschaffungskosten}}{\text{pro Einstellung}} = \frac{\text{Gesamtkosten der Personalbeschaffung}}{\text{Gesamtleistungsanzahl der Einstellungen}}$$

Frühfluktuationsrate

Eine hohe Frühfluktuationsrate sollten Sie möglichst vermeiden.

$$\text{Frühfluktuationsrate} = \frac{\text{aufgelöste Arbeitsverträge in der Probezeit}}{\text{Anzahl der Einstellungen}} \cdot 100$$

Diese Kennzahlen sollen Ihnen helfen, die Effizienz der Personalbeschaffung und -auswahl zu beurteilen. Wie Sie bereits wissen, ist es bei der Bewertung und Interpretation von Kennzahlen sinnvoll, auf entsprechende Vergleichskennzahlen aus einem Zeit-, Branchen- oder Soll-Ist-Vergleich zurückzugreifen. Da personalwirtschaftliche Kennzahlen besonders sensible Daten beinhalten, ist es allerdings nicht ganz einfach, an die internen Zahlen anderer Unternehmen für einen Branchenvergleich heranzukommen. Abhilfe schaffen können Sie, indem Sie Personalberatungsgesellschaften hinzuziehen oder sich eine freiwillige Vergleichsgruppe (»Peer-Group«)suchen.

Lohnformen

Für die Mitarbeiter eines Unternehmens ist es ein wichtiger Leistungsanreiz, ob sie eine als gerecht und angemessen empfundene Vergütung für ihre Leistungen erhalten. Eine Vergütung kann grundsätzlich nur dann gerecht sein, wenn sie

✔ den Anforderungen des Arbeitsplatzes,

✔ der Qualifikation des Mitarbeiters und

✔ der tatsächlichen Arbeitsleistung

entspricht. Daher stehen Ihnen verschiedene Lohnformen zur Verfügung, um die Mitarbeiter anforderungs- und leistungsgerecht entlohnen zu können. Grundlegend unterscheidet man zwei Formen von Lohn:

✔ Zeitlohn

✔ Leistungslohn

Die verschiedenen Lohnformen sehen Sie in Tabelle 9.2. im Überblick dargestellt. Sie werden mit ihren Berechnungsformeln im Anschluss genauer erklärt.

Lohnformen	Unterarten	
Zeitlohn		
Leistungslohn	Akkordlohn	Zeitakkord
		Geldakkord
	Prämienlohn	

Tabelle 9.2: Lohnformen im Überblick

Zeitlohn

Beim *Zeitlohn* entlohnen Sie die Mitarbeiter nach der Dauer der Arbeitszeit (Stunden, Tag, Woche, Monat). Der reine Zeitlohn wird unabhängig von der erbrachten Leistung des Mitarbeiters gezahlt, sodass pro Zeiteinheit ein gleichbleibender Lohn gezahlt wird.

Zeitlohn = Lohn pro Zeiteinheit · Zeiteinheiten

Beispiel: Wochenlohn = 20 Euro/h · 40 h/Woche = 800 Euro

Eine Vergütung nach dem Zeitlohn ist dann sinnvoll, wenn

✔ die Arbeitsleistung kaum messbar ist (Führungsaufgaben),

✔ die Arbeitsleistung vom Mitarbeiter nicht zu beeinflussen ist (Fließbandarbeit),

✔ Leistungsanreize nicht möglich oder nicht zweckmäßig sind.

9 ▶ Personalführung: Kennzahlen zur Personaloptimierung

Leistungslohn

Der *Leistungslohn* kann als Akkordlohn oder als Prämienlohn vorkommen.

Akkordlohn

Der *Akkordlohn* ist abhängig von der Arbeitsleistung eines einzelnen Arbeitnehmers (*Einzelakkord*) oder eines Teams (*Gruppenakkord*). Da hier der Lohn pro Leistungseinheit konstant bleibt, sind die Lohnstückkosten immer gleich hoch.

Den Akkordlohn können Sie auf zwei Arten berechnen:

- ✔ als Zeitakkord
- ✔ als Geldakkord

Zeitakkord

Berechnen Sie den Stundenverdienst beim *Zeitakkord* nach der folgenden Formel:

Zeitakkord = Leistungsmenge · Vorgabezeit · Minutenfaktor

mit: Leistungsmenge = Istleistung in Stück pro Stunde

Vorgabezeit = Sollarbeitszeit pro Stück bei normalem Arbeitstempo

$$\text{Minutenfaktor} = \frac{\text{Akkordrichtsatz}}{60 \text{ min}}$$

Akkordrichtsatz = tariflicher Mindestlohn pro Stunde + Akkordzuschlag

Geldakkord

Der Stundenverdienst beim *Geldakkord* wird etwas anders berechnet, führt aber zum selben Ergebnis:

Geldakkord = Leistungsmenge · Geldsatz pro Stück

mit: Geldsatz pro Stück = Vorgabezeit · Minutenfaktor

Nehmen wir als Beispiel wieder einmal den Schuhhersteller Salamunter: Für die Handfertigung eines exklusiven Schuhmodells bei der Salamunter GmbH gelten die folgenden Daten für einen Arbeiter in der Produktion:

- ✔ Leistungsmenge = 8 Schuhe pro Stunde
- ✔ Vorgabezeit = 10 Minuten pro Schuh bei normalem Arbeitstempo

✔ Minutenfaktor = $\dfrac{\text{Akkordrichtsatz}}{60\,\text{min}} = = \dfrac{30\,\text{Euro/h}}{60\,\text{min}} = 0{,}5\,\text{Euro/min}$

✔ Akkordrichtsatz = tariflicher Mindestlohn pro Stunde + Akkordzuschlag
= 25 Euro/h + 5 Euro/h = 30 Euro/h

✔ Geldsatz pro Stück = 10 min/Schuh · 0,5 Euro/min = 5 Euro/Schuh

Salamunter kann also den Stundenverdienst als Zeitakkord oder als Geldakkord folgendermaßen errechnen:

Zeitakkord = Leistungsmenge · Vorgabezeit · Minutenfaktor

= 8 Schuhe/h · 10 min/Schuh · 0,5 Euro/min = 40 Euro/h

Geldakkord = Leistungsmenge · Geldsatz pro Stück

= 8 Schuhe/h · 5 Euro/Schuh = 40 Euro/h

Eine Vergütung nach dem Akkordlohn sollte dann erfolgen, wenn

✔ der Arbeitsablauf sich regelmäßig wiederholt,

✔ die Arbeitsleistung einfach und individuell messbar ist,

✔ die Arbeitsleistung vom Mitarbeiter beeinflusst werden kann.

Prämienlohn

Ein *Prämienlohn* wird für eine quantitative (zum Beispiel Steigerung der Produktionsmenge oder Einsparung von Einsatzfaktoren) oder qualitative Mehrleistung (Erhöhung der Produktqualität) eines Arbeitnehmers gezahlt. Der Prämienlohn wird häufig als Ergänzung zum Zeit- oder Akkordlohn gezahlt.

Prämienlohn = Grundlohn + Prämie

Die folgenden Prämienarten sind aus der Praxis bekannt:

✔ Mengenleistungsprämien

✔ Qualitätsprämien

✔ Ersparnisprämien

✔ Nutzungsgradprämien

✔ Terminprämien

Personalcontrolling

Das Personalcontrolling umfasst den Prozess der Planung, Kontrolle und Steuerung sowie der Informationsversorgung in der Personalwirtschaft. Eine wichtige Hilfestellung dabei liefern die im Folgenden erläuterten Kennzahlen des Personalcontrollings.

Personalintensität

Die Personalintensität zeigt Ihnen das Verhältnis von Personalaufwendungen zu den Gesamtaufwendungen des Unternehmens. Die Personalaufwendungen setzen sich aus Löhnen, Gehältern und Sozialaufwendungen zusammen. Ist diese Kennzahl im Branchenvergleich relativ hoch, deutet dies auf Rationalisierungspotenziale hin. Zur weiteren Einschätzung sollten Sie dann auch ermitteln, wie hoch der Umsatz oder Cashflow pro Mitarbeiter ist.

$$\text{Personalintensität} = \frac{\text{Personalaufwand}}{\text{gesamte Aufwendungen}} \cdot 100$$

Umsatz und Cashflow pro Mitarbeiter

$$\text{Umsatz pro Mitarbeiter} = \frac{\text{Umsatzerlöse}}{\text{Anzahl der Beschäftigten}}$$

$$\text{Cashflow pro Mitarbeiter} = \frac{\text{Cashflow}}{\text{durchschnittliche Anzahl der Beschäftigten}}$$

Interessant ist es, den Umsatz pro Mitarbeiter mit den Personalkosten pro Mitarbeiter zu vergleichen.

Personalkosten je Mitarbeiter

Die Personalkosten je Mitarbeiter beschreiben den durchschnittlichen Aufwand für einen Mitarbeiter in einer bestimmten Periode. Diese Kennzahl können Sie auch für einzelne Mitarbeitergruppen berechnen. Anhand eines Branchenvergleichs können Sie sehen, ob das Unternehmen eine angemessene Vergütung zahlt. Sind die Personalkosten je Mitarbeiter zu hoch, kann dies der Wettbewerbsfähigkeit des Unternehmens schaden.

$$\text{Personalkosten je Mitarbeiter} = \frac{\text{Gesamtaufwendungen für Personal}}{\text{durchschnittliche Anzahl der Beschäftigten}}$$

Personalkosten pro Stunde

Die durchschnittlichen Lohnkosten je Arbeitsstunde bieten sich für einen Vergleich mit den Personalkosten anderer Unternehmen an, um abzuschätzen, ob die eigenen Personalkosten zu hoch sind oder vergleichsweise eher niedrig liegen.

$$\text{durchschnittliche Personalkosten je Stunde} = \frac{\text{Gesamtaufwendungen für Personal}}{\text{Anzahl der geleisteten Arbeitsstunden}}$$

Überstundenquote

Ein Grund für zu hohe Personalkosten könnten Überstunden sein. Ob diese im Branchenvergleich relativ hoch sind, können Sie an der Überstundenquote ersehen.

$$\text{Überstundenquote} = \frac{\text{Überstunden}}{\text{Normalstunden}} \cdot 100$$

Die nächsten Kennzahlen sind typische personalwirtschaftliche Kennzahlen, die in jedem größeren Unternehmen ermittelt werden und in die *Personalstatistik* eingehen.

Fluktuationsquote

Die Fluktuationsziffer gibt den prozentualen Anteil der Mitarbeiter an der Gesamtheit der durchschnittlich Beschäftigten in einem bestimmten Zeitraum an, die das Unternehmen freiwillig verlassen. Eine hohe Fluktuationsquote ist ein Indiz dafür, dass sich viele Mitarbeiter in dem Unternehmen nicht wohlfühlen und lieber woanders arbeiten möchten.

$$\text{Fluktuationsquote} = \frac{\text{Anzahl der Personalabgänge}}{\text{durchschnittliche Anzahl der Beschäftigten}} \cdot 100$$

Fehlzeitenquote

Die Fehlzeitenquote wird in Stunden oder Tagen berechnet und zeigt Ihnen, welcher prozentuale Anteil der Sollarbeitszeit durch Fehlzeiten verloren geht. Die Fehlzeiten können verschiedene Ursachen haben, wie zum Beispiel Krankheit, Unfall, Urlaub oder Dienstreise.

9 ► Personalführung: Kennzahlen zur Personaloptimierung

$$\text{Fehlzeitenquote} = \frac{\text{Fehlzeiten}}{\text{Sollarbeitszeit}} \cdot 100$$

$$\text{Krankheitsquote} = \frac{\text{Anzahl der Krankheitstage}}{\text{Sollarbeitstage}} \cdot 100$$

Durchschnittsalter

Diese Kennziffer zeigt Ihnen das durchschnittliche Alter der Beschäftigten und die Altersstruktur.

$$\text{Durchschnittsalter} = \frac{\text{Lebensalter aller Beschäftigten in Jahren}}{\varnothing \text{ Anzahl der Beschäftigten}}$$

Betriebszugehörigkeit

Ein hohes Durchschnittsalter der Beschäftigten steht nicht selten im Zusammenhang mit einer langjährigen Betriebszugehörigkeit der Beschäftigten.

$$\varnothing \text{ Betriebszugehörigkeit} = \frac{\text{Betriebszugehörigkeiten aller Beschäftigten in Jahren}}{\varnothing \text{ Anzahl der Beschäftigten}}$$

Behindertenanteil

Aus verschiedenen Gründen versuchen viele Unternehmen, einen bestimmten Behinderten- und Frauenanteil zu erreichen.

$$\text{Behindertenanteil} = \frac{\text{Anzahl der Beschäftigten mit Behinderung}}{\varnothing \text{ Anzahl der Beschäftigten}} \cdot 100$$

Frauenanteil

$$\text{Frauenanteil} = \frac{\text{Anzahl beschäftigter Frauen}}{\varnothing \text{ Anzahl der Beschäftigten}} \cdot 100$$

Sie haben bitte Verständnis, dass wir hier nicht eine Diskussion über bestimmte Quoten für die letzten beiden Kennzahlen beginnen. Es ist nun wirklich nicht Aufgabe einer Formelsammlung, in bestimmte Fettnäpfchen zu treten!

Im Rahmen der *Personalentwicklung* gibt es ebenfalls einige interessante Kennzahlen.

Ausbildungsquote

Die Ausbildungsquote beschreibt den Anteil der Auszubildenden am gesamten Personalbestand. Sie liegt bei den ausbildenden Unternehmen in Deutschland bei durchschnittlich rund 6,5 %.

$$\text{Ausbildungsquote} = \frac{\text{Anzahl der Auszubildenden}}{\text{durchschnittliche Anzahl der Beschäftigten}} \cdot 100$$

Übernahmequote

Die Übernahmequote sagt aus, wie viel Prozent der Auszubildenden nach Abschluss der Ausbildung übernommen werden.

$$\text{Übernahmequote} = \frac{\text{Anzahl übernommener Auszubildender}}{\text{Anzahl der Auszubildenden mit beendeter Ausbildung}} \cdot 100$$

Qualifikationsstruktur

Zur Bestimmung der Qualifikationsstruktur können Sie die Beschäftigten in Untergruppen aufteilen, wie beispielsweise nach Funktionen, Tätigkeitsfeldern, Qualifikation oder Ausbildung. Die Qualifikationsstruktur der Unternehmen ist sehr stark branchenabhängig.

$$\text{Qualifikationsstruktur} = \frac{\text{Anzahl der Mitarbeiter mit einer best. Qualifikation}}{\text{Anzahl der Beschäftigten}} \cdot 100$$

Weiterbildungszeit pro Mitarbeiter

Eine gezielte Weiterbildung der eigenen Mitarbeiter ist wichtig für jedes Unternehmen. Wie viel Zeit tatsächlich in die Weiterbildung der Mitarbeiter investiert wird, sehen Sie an der folgenden Kennzahl.

$$\text{Weiterbildungszeit pro Mitarbeiter} = \frac{\text{Gesamtzahl der Weiterbildungstage}}{\text{Anzahl der Beschäftigten}}$$

Weiterbildungskosten pro Mitarbeiter

Die Bedeutung der Weiterbildung in einem Unternehmen können Sie auch an den durchschnittlichen Weiterbildungskosten pro Mitarbeiter erkennen.

$$\text{Weiterbildungskosten pro Mitarbeiter} = \frac{\text{Weiterbildungskosten}}{\text{Anzahl der Beschäftigten}}$$

Wertorientierte Unternehmensführung

10

In diesem Kapitel ...

- EBIT, EBITDA und NOPAT
- Economic Value Added (EVA), Return on Capital Employed (ROCE), Cash Flow Return on Investment (CFROI)
- Marktkapitalisierung, Discounted Cash Flow, Market Value Added (MVA)
- Wertorientiertes Portfoliomanagement
- Balanced Scorecard

---

*W*ertorientierte Unternehmensführung bedeutet, dass Sie die strategische Unternehmensführung auf die nachhaltige Steigerung des Unternehmenswertes ausrichten und nicht primär die traditionellen Umsatz- oder Gewinnziele (siehe Kapitel 7) verfolgen.

Ziel der wertorientierten Unternehmensführung ist es, den Wert des Unternehmens nachhaltig zu erhöhen, insbesondere den Marktwert des Eigenkapitals.

EBIT, EBITDA und NOPAT

Zur Umsetzung der wertorientierten Unternehmensführung stehen Ihnen verschiedene Kennzahlen zur Verfügung. Zunächst stelle ich Ihnen mit EBIT, EBITDA und NOPAT international übliche Kennzahlen vor, mit denen Sie den operativen Gewinn des Unternehmens spezifizieren können.

EBIT

EBIT ist die Abkürzung für **E**arnings **B**efore **I**nterest and **T**axes. Hierbei handelt es sich um das operative Unternehmensergebnis vor Abzug von Zinsen und Steuern.

Den EBIT können Sie ausgehend vom Jahresüberschuss wie folgt berechnen:

EBIT = Jahresüberschuss/Jahresfehlbetrag

+ außerordentliche Aufwendungen − außerordentliche Erträge

+ Steueraufwand − Steuererträge

+ Zinsaufwand − Zinserträge

Der EBIT zeigt Ihnen das Betriebsergebnis unabhängig von regionalen Besteuerungen, unterschiedlichen Finanzierungsformen und außerordentlichen Faktoren. Dadurch können Sie diese Kennzahl zum internationalen Vergleich von Unternehmen heranziehen, da Ergebnisverzerrungen durch unterschiedliche Steuersätze und Finanzierungsstrukturen oder durch Sondereinflüsse vermieden werden.

Es besteht die Gefahr, dass Sie durch das Hinzurechnen der Steuer- und Zinsaufwendungen einen höheren Gewinn unterstellen, als tatsächlich erzielt wurde.

Der EBIT wird auch benötigt, um die EBIT-Marge zu berechnen.

EBIT-Marge

Die EBIT-Marge ist das Verhältnis von EBIT zum Umsatz und ist mit der Umsatzrendite vergleichbar, da sie den Erfolg pro Umsatzeinheit angibt. Allerdings wird im Zähler nicht wie bei der Umsatzrendite der Jahresüberschuss angesetzt, sondern mit dem EBIT das operative Ergebnis vor Steuern und Zinsen. Somit können Sie die EBIT-Marge als relative Kennzahl heranziehen, um Unternehmen international und über verschiedene Branchen und Größen besser vergleichen zu können.

$$\text{EBIT-Marge} = \frac{\text{EBIT}}{\text{Umsatz}} \cdot 100$$

EBITDA

Die Kennzahl EBITDA baut auf dem EBIT auf. EBITDA steht für **E**arnings **B**efore **I**nterest, **T**axes, **D**epreciation and **A**mortization.

Wie Sie an der ausgeschriebenen Bezeichnung erkennen, werden zum operativen Ergebnis nicht nur Zinsaufwand und Steueraufwand dazu addiert, sondern auch die Abschreibungen auf Sachanlagen (*Depreciation*) und die Abschreibungen auf immaterielle Anlagen (*Amortization*) wie Patente, Lizenzen und den Firmen- und Geschäftswert erworbener Unternehmen.

Den EBITDA können Sie nach der folgenden Formel ermitteln:

EBITDA = Jahresüberschuss/Jahresfehlbetrag

    + außerordentliches Aufwendungen – außerordentliche Erträge

    + Steueraufwand – Steuererträge

    + Zinsaufwand – Zinserträge

    + Abschreibungen auf das materielle und immaterielle Anlagevermögen

    – Zuschreibungen auf das materielle und immaterielle Anlagevermögen

Durch die Kennzahl EBITDA wird die internationale Vergleichbarkeit mit anderen Unternehmen noch einmal dadurch erleichtert, dass die Abschreibungen auf das Anlagevermögen dazu addiert werden und dadurch der Einfluss der Abschreibungspolitik beim Anlagevermögen auf das Ergebnis eliminiert wird.

Der EBITDA ist durch die Gewinnbereinigung um wichtige Aufwandspositionen nur noch beschränkt aussagefähig. Diese Kennzahl kann nämlich von unprofitablen Unternehmen auch dazu genutzt werden, eine Verlustsituation zu verschleiern und stattdessen einen positiven EBITDA-Wert auszuweisen.

In Deutschland gewinnt diese Kennzahl auch durch die Unternehmenssteuerreform aus dem Jahr 2008 an Bedeutung. Der EBITDA ist nämlich die Grundlage zur Berechnung der sogenannten Zinsschranke, die die Abzugsfähigkeit des Zinsaufwandes auf maximal 30 % des EBITDA beschränkt.

Veranschaulichen Sie sich das Ganze anhand des folgenden Beispiels: Der Konzern Telefon AG weist für 2012 die in Tabelle 10.1 gezeigte Gewinn-und-Verlust-Rechnung (GuV) nach dem Gesamtkostenverfahren aus.

GuV nach dem Gesamtkostenverfahren	Zahlen für 2012 in Mio. Euro
Umsatzerlöse	54.000
+ Bestandserhöhungen und aktivierte Eigenleistungen	500
+ sonstige betriebliche Erträge	4.000
− Materialaufwand	14.500
− Personalaufwand	13.500
− Abschreibungen auf Sachanlagen	4.600
− Abschreibungen auf immaterielle Vermögensgegenstände des Anlagevermögens	27.000
− Sonstige Abschreibungen	2.000
− sonstige betriebliche Aufwendungen	14.000
+ Zinserträge	1.800
− Zinsaufwendungen	6.000
= Ergebnis der gewöhnlichen Geschäftstätigkeit	−21.300
+ außerordentliche Erträge	500
− außerordentliche Aufwendungen	300
− Steuern	2.500
= Jahresfehlbetrag	−23.600

Tabelle 10.1: GuV der Telefon AG für 2012

Berechnen Sie nun, wie in Tabelle 10.2 gezeigt, den EBIT und den EBITDA der Telefon AG für das Jahr 2012.

Der Konzern Telefon AG weist für 2012 zwar einen Jahresverlust von 23,6 Mrd. Euro und auch einen negativen EBIT von 17,1 Mrd. Euro aus, kann aber zumindest auf einen positiven EBITDA-Wert von 14,5 Mrd. Euro verweisen. Da der EBITDA in der Berechnung einige Ähnlichkeiten zum operativen Cashflow (siehe Kapitel 7) aufweist, könnte man sagen, dass der Konzern zwar einen enormen Verlust erwirtschaftet hat, sich dies aber wohl nicht gleichermaßen auf die Liquiditätslage ausgewirkt hat. Der Jahresfehlbetrag beziehungsweise der positive EBITDA-Wert resultieren letztlich aus den Abschreibungen auf das Anlagevermögen, die ja – wie im Kapitel 7 bei der Cashflow-Berechnung erläutert – nicht liquiditätswirksam sind. Die sehr hohen Abschreibungen der Telefon AG im Jahr 2012 auf immaterielle Anlagen (Amortization) in Höhe von 27 Mrd. Euro könnten übrigens Abschreibungen auf die Geschäfts- oder Firmenwerte von Auslandsbeteiligungen und Abschreibungen auf Mobilfunklizenzen gewesen sein.

EBIT/EBITDA-Berechnung	Zahlen für 2012 in Mio. Euro
Jahresüberschuss/Jahresfehlbetrag	−23.600
− außerordentliche Erträge	−500
+ außerordentliche Aufwendungen	+300
+ Steuern	+2.500
− Zinsertrag	−1.800
+ Zinsaufwand	+6.000
= EBIT	−17.100
+ Abschreibungen auf Sachanlagen (Depreciation)	+4.600
+ Abschreibungen auf immaterielle Anlagen (Amortization)	+27.000
= EBITDA	+14.500

Tabelle 10.2: Berechnung von EBIT/EBITDA für die Telefon AG

Die EBIT-Marge für 2012 beträgt:

$$\text{EBIT-Marge} = \frac{\text{EBIT}}{\text{Umsatz}} \cdot 100 = \frac{-17.100 \text{ Mio. Euro}}{54.000 \text{ Mio. Euro}} \cdot 100 = -31{,}67 \%$$

Da die Konzernmanager der Telefon AG clevere Menschen sind, weisen sie diese Marge nicht mit dem EBIT, sondern mit dem EBITDA im Zähler aus, um einen erfreulich positiven Wert (der dann EBITDA-Marge genannt wird) ausweisen zu können. Gewusst wie!

$$\text{EBITDA-Marge} = \frac{\text{EBITDA}}{\text{Umsatz}} \cdot 100 = \frac{14.500 \text{ Mio. Euro}}{54.000 \text{ Mio. Euro}} \cdot 100 = 26{,}85 \%$$

NOPAT

NOPAT ist die Abkürzung von Net Operating Profit After Taxes. Es handelt sich hierbei um das operative Geschäftsergebnis nach Steuern. Diese Kennzahl können Sie vereinfacht wie folgt ermitteln:

NOPAT = EBIT − Steuern

Der NOPAT gibt den Nettogewinn aus dem operativen Geschäft an, der an die Kapitalgeber als Gewinnbeteiligung (für die Eigenkapitalgeber) und als Zinszahlung (für die Fremdkapitalgeber wie Banken) ausgeschüttet werden kann.

In unserem Beispiel der Telefon AG beträgt der NOPAT für das Jahr 2012:

NOPAT = EBIT − Steuern = −17.100 Mio. Euro − 2.500 Mio. Euro
= −19.600 Mio. Euro

Da der Konzern einen negativen NOPAT von 19,6 Mrd. Euro erzielt hat, sollte die AG aus Ergebnissicht keine Ausschüttungen an die Eigenkapitalgeber (= Dividenden) leisten.

 Die Zinszahlungen an die Fremdkapitalgeber sind allerdings vertraglich vereinbart und somit unumgänglich.

Einen Übergewinn oder eine Überrendite erzielen

Um das Konzept der wertorientierten Unternehmensführung umzusetzen und den Unternehmenswert zu erhöhen, muss ein Unternehmen oder ein Geschäftsbereich versuchen, einen Übergewinn oder eine Überrendite zu erzielen.

Einen *Übergewinn* (auch *Residualgewinn* genannt) erzielen Sie, wenn das operative Geschäftsergebnis höher ist als die Kapitalkosten.

Eine *Überrendite* erreichen Sie, wenn die vom Unternehmen erzielte Rendite die Kapitalkosten − und damit die von den Kapitalgebern mindestens erwartete Verzinsung − übersteigt.

In der Unternehmenspraxis werden für die Messung des Übergewinns oder der Überrendite einer Periode insbesondere die folgenden Kennzahlen verwendet:

✔ Economic Value Added (EVA)

✔ Return on Capital Employed (ROCE)

✔ Cash Flow Return on Investment (CFROI)

Economic Value Added (EVA)

Der Economic Value Added, kurz EVA oder (von der Siemens AG) auch *Geschäftswertbeitrag* (GWB) genannt, sagt Ihnen, ob das Unternehmen in der Periode (in der Regel = Geschäftsjahr) einen Übergewinn erzielt hat. Ist der EVA-Wert positiv, hat das Unternehmen in der betrachteten Periode eine Wertsteigerung in Höhe des EVA erwirtschaftet. Ist der EVA-Wert hingegen negativ, hat eine Wertvernichtung stattgefunden. EVA wird als Steuerungsinstrument in vielen großen deutschen Unternehmen eingesetzt.

Den EVA-Wert können Sie wie folgt berechnen:

Übergewinn = EVA = Betriebsergebnis nach Steuern − Kapitalkosten

EVA = NOPAT− WACC · eingesetztes Kapital

Die Berechnung des NOPAT ist im vorherigen Abschnitt erklärt. Die Ermittlung der durchschnittlichen Kapitalkosten (auch WACC genannt) ist in Kapital 6 ausführlich beschrieben.

Einen einfachen Weg zur Ermittlung des *eingesetzten Kapitals* (leider gibt es viele verschiedene, zum Teil deutlich komplexere Berechnungsmöglichkeiten) sehen Sie in Tabelle 10.3.

Ermittlung des eingesetzten Kapitals	Bestandteile
Gesamtes Kapital	Anlagevermögen
	Umlaufvermögen
− Abzugskapital (= kurzfristiges, unverzinsliches Fremdkapital)	Steuerrückstellungen
	Anzahlungen
	Verbindlichkeiten aus Lieferungen und Leistungen
= eingesetztes Kapital	

Tabelle 10.3: Ermittlung des eingesetzten Kapitals

Das EVA-Konzept wird in der Unternehmenspraxis für die folgenden Zwecke eingesetzt:

✔ **Kontrolle:** Der EVA zeigt den Aktionären, ob das Unternehmen in der Periode einen Übergewinn und damit einen Mehrwert erzielt. Positive EVA-Werte sind eine wichtige Voraussetzung für steigende Aktienkurse und steigende Unternehmenswerte.

✔ **Planung und Steuerung der Geschäftsbereiche:** Der EVA kann als Steuerungsinstrument für die Unternehmensplanung verwendet werden. Jeder Geschäftsbereich eines Unternehmens sollte ein operatives Geschäftsergebnis nach Steuern erzielen, das mindestens die Kapitalkosten für das im betreffenden Geschäftsbereich investierte Kapital abdeckt.

✔ **Entlohnung des Managements:** Da die Aktionäre von einer Steigerung des Aktienkurses und des Unternehmenswertes profitieren, sollte auch für das Management ein entsprechendes Anreizsystem über erfolgsabhängige Gehaltsbestandteile vorhanden sein. Dann haben Aktionäre und Manager die gleichen Ziele und Interessenkonflikte können vermieden werden. Ein Instrument hierzu sind Aktienoptionsprogramme für das Management.

Für die EVA-Kennzahl spricht, dass sie leicht zu verstehen und entsprechend gut kommunizierbar ist. Ein weiterer Vorteil ist, dass sie auf den Zahlen des Rechnungswesens basiert und deshalb relativ einfach erhoben werden kann.

Der EVA-Wert ist deswegen auch leicht manipulierbar. Wenn Sie zum Beispiel Abschreibungen vermeiden, erhöht sich dadurch der EVA.

Return on Capital Employed (ROCE)

Die Kennzahl *Return on Capital Employed* (ROCE) ist seit einigen Jahren ein weitverbreiteter Maßstab für die von einem Unternehmen erzielte Nettorendite des eingesetzten Kapitals. Die Kennzahl zeigt, wie effektiv und profitabel ein Unternehmen sein Kapital einsetzt. Im Gegensatz zum EVA-Wert ist die ROCE-Kennzahl keine absolute Größe, sondern als Renditegröße ein Prozentwert.

Für die Berechnung des ROCE wird im Zähler der NOPAT (eventuell auch der EBIT bei internationalen Vergleichen)und im Nenner das eingesetzte oder beschäftigte Kapital (Capital Employed) verwendet.

$$\text{ROCE} = \frac{\text{NOPAT}}{\text{eingesetztes Kapital}} \cdot 100$$

Der ROCE-Wert wird dann positiv bewertet, wenn in der Periode die im operativen Geschäft vor Kapitalkosten und nach Steuern erzielte Rendite größer ist als der durchschnittliche Kapitalkostensatz (WACC) oder ein vorgegebener Zielwert. Dann wird nämlich eine Überrendite und somit ein Mehrwert erzielt.

10 ➤ Wertorientierte Unternehmensführung

Wenn Sie die Differenz zwischen dem ROCE und den WACC mit dem eingesetzten Kapital multiplizieren, erhalten Sie als Ergebnis den EVA.

(ROCE − WACC) · eingesetztes Kapital = EVA

Cash Flow Return on Investment (CFROI)

Der CFROI ist wie der ROCE eine Renditegröße, mit der Sie die durchschnittliche Rendite eines Unternehmens oder Geschäftsbereichs berechnen können.

Im Vergleich zum ROCE weist der CFROI folgende Unterschiede auf:

✔ Als Ergebnisgröße wird der Free Cash Flow und damit eine zahlungsorientierte Größe verwendet.

✔ Als Kapitalbasis wird die Bruttoinvestitionsbasis angesetzt, die sich beim Anlagevermögen an Bruttomarktwerten und nicht an Nettobuchwerten orientiert.

Den CFROI können Sie so berechnen:

$$\text{CFROI} = \frac{\text{Free Cash Flow}}{\text{Bruttoinvestitionsbasis}} \cdot 100$$

Die Ermittlung und Interpretation des Free Cash Flow ist in Kapitel 7 erklärt.

Einen Weg, die *Bruttoinvestitionsbasis* zu ermitteln, sehen Sie in Tabelle 10.4.

Ermittlung der Bruttoinvestitionsbasis	Bestandteile
Gesamtvermögen zu Nettobuchwerten	Anlagevermögen
	Umlaufvermögen
+ kumulierte Abschreibungen	
= Bruttobuchwerte	gegebenenfalls unter Berücksichtigung der Wiederbeschaffungswerte
− Abzugskapital (kurzfristiges, unverzinsliches Fremdkapital)	Steuerrückstellungen
	Anzahlungen
	Verbindlichkeiten aus Lieferungen und Leistungen
= Bruttoinvestitionsbasis	

Tabelle 10.4: Ermittlung der Bruttoinvestitionsbasis

Zur Beurteilung der Performance eines Unternehmens oder Geschäftsbereichs können Sie den Cash Flow Return on Investment (CFROI) den durchschnittlichen Kapitalkosten (WACC) des Unternehmens gegenüberstellen. Ist der CFROI größer als der Gesamtkapitalkostensatz, so hat das Unternehmen eine Überrendite erzielt und den Unternehmenswert erhöht. Andernfalls ist Wert vernichtet worden.

Lassen Sie mich die Berechnung des EVA, des ROCE und des CFROI an einem zusammenfassenden Zahlenbeispiel verdeutlichen. Hierzu greifen wir auf die Daten aus dem Geschäftsbericht der Stahl AG für das Jahr 2012 zurück (siehe Anfang des siebten Kapitels). Aus der Datenanalyse können Sie die folgenden Werte (alle Zahlen in Mio. Euro, sofern nichts anderes angegeben) ermitteln:

✔ EBIT = Betriebsergebnis = 1.250

✔ NOPAT = EBIT + Steuern = 1.250 + 310 = 1.560

✔ WACC = 4 % (Annahme!)

✔ Eingesetztes Kapital = Anlagevermögen + Umlaufvermögen − sonstige Rückstellungen − Verbindlichkeiten aus Lieferungen und Leistungen = 20.000 + 20.000 − 1.000 − 5.000 = 34.000

✔ Free Cash Flow = 700 (siehe Berechnung in Kapitel 7)

✔ Bruttoinvestitionsbasis = 60.000 (Annahme!)

Die wertorientierten Kennzahlen können Sie dann wie folgt berechnen:

EVA = NOPAT − WACC · eingesetztes Kapital
= 1.560 − 4 % · 34.000 = 200

$$ROCE = \frac{NOPAT}{\text{eingesetztes Kapital}} \cdot 100 = \frac{1560}{34.000} \cdot 100 = 4{,}59\ \%$$

EVA = (ROCE − WACC) · eingesetztes Kapital
= (4,59 % − 4 %) · 34.000 = 200 (abgerundet)

$$CFROI = \frac{\text{Free Cash Flow}}{\text{Bruttoinvestitionsbasis}} \cdot 100 = \frac{700}{60.000} \cdot 100 = 1{,}2\ \%$$

Die Zahlen zeigen, dass es die Stahl AG 2012 so gerade noch geschafft hat, einen Übergewinn von 200 Mio. Euro (beim EVA) beziehungsweise eine Überrendite von 4,59 % − 4 % = 0,59 % (beim ROCE) zu erzielen. Um die wertorientierten Kennzahlen zu verbessern, stehen der Stahl AG folgende Ansatzhebel zur Verfügung:

- ✔ Erhöhung des NOPAT durch Umsatzerhöhung und/oder Kostensenkung
- ✔ Verminderung der WACC durch eine kostengünstigere Finanzierung
- ✔ Verringerung des eingesetzten Kapitals, zum Beispiel durch Outsourcing

Marktkapitalisierung

Die Marktkapitalisierung ist gleich dem aktuellen Börsenwert eines börsennotierten Unternehmens. Sie können die Marktkapitalisierung berechnen, indem Sie den aktuellen Aktienkurs des Unternehmens mit der Anzahl aller ausgegebenen Aktien multiplizieren:

Marktkapitalisierung = Aktienkurs · Anzahl der ausgegebenen Aktien

Da sich der Aktienkurs eines Unternehmens aus Angebot und Nachfrage der Aktien ergibt und deshalb täglich schwankt, unterliegt auch die Marktkapitalisierung ständigen Veränderungen.

Die Marktkapitalisierung ist gleich dem Marktwert des Eigenkapitals (*Equity Value*) eines Unternehmens an der Börse. Sie entspricht daher auch dem Preis, den ein Käufer für sämtliche umlaufenden Aktien eines Unternehmens – also eine komplette Übernahme – mindestens (eventuell kommt noch ein Aufgeld dazu) bezahlen müsste.

Die Marktkapitalisierung liefert Ihnen einen Eindruck von der Größe des Unternehmens. Je höher diese Kennzahl ist, desto größer und krisenfester (»toobigtofail«) ist ein Unternehmen. Je mehr Aktien eines Unternehmens im Umlauf sind und je größer dabei der Streubesitz ist, desto höher ist die Liquidität der Aktie, das heißt desto mehr Aktien werden auch gehandelt.

Schauen wir uns das einmal anhand unseres Beispiels der Stahl AG an: Die Stahl AG hat 500 Mio. Aktien im Umlauf. Der aktuelle Börsenkurs der Aktie liegt bei 30 Euro. Die Marktkapitalisierung berechnen Sie also folgendermaßen:

Marktkapitalisierung = 30 Euro/Aktie · 500 Mio. Stück = 15 Mrd. Euro

Der Marktwert des Eigenkapitals ist mit 15 Mrd. Euro um 4 Mrd. Euro höher als der Buchwert des Eigenkapitals in der Bilanz der Stahl AG (die Bilanz finden Sie am Anfang des siebten Kapitels). Das Verhältnis zwischen Marktkapitalisierung und Buchwert des Eigenkapitals wird als Market-to-Book Ratio bezeichnet und wird wie folgt berechnet:

$$\text{Market-to-Book Ratio} = \frac{\text{Marktkapitalisierung}}{\text{Buchwert des Eigenkapitals}}$$

Für die Stahl AG ergibt sich eine Market-to-Book Ratio von

$$\frac{15\,\text{Mrd. Euro}}{11\,\text{Mrd. Euro}} = 1{,}36$$

Diese Kennzahl ermöglicht Ihnen eine Aussage darüber, mit welchem Betrag das Eigenkapital an der Börse bewertet wird. Je größer die Kennzahl ist, umso positiver werden die Substanz und die Zukunftsaussichten des Unternehmens bewertet. Wird diese Kennzahl auf eine einzelne Aktie bezogen, spricht man vom *Kurs-Buchwert-Verhältnis*.

Kennen Sie die größten börsennotierten Unternehmen auf der Welt? Die Zeitschrift Financial Times veröffentlicht regelmäßig die 100 größten Unternehmen der Welt nach ihrer Marktkapitalisierung in der Liste *FT Global 500*. In Tabelle 10.5 finden Sie als Auszug die fünf größten Unternehmen der Welt (nur Unternehmen mit einem Streubesitz von mindestens 15 %, Börsenkurse vom 31. 3. 2010).

Unternehmen	Land	Branche	Marktkapitalisierung in Mio. $
PetroChina	China	Öl und Gas	329.259,7
Exxon Mobil	USA	Öl und Gas	316.230,8
Microsoft	USA	Software	256.864,7
Industrial and Commercial Bank of China	China	Banken	246.419,8
Apple	USA	Technologie	213.096,7

Tabelle 10.5: Die größten fünf Unternehmen der Welt nach ihrer Marktkapitalisierung

Eine andere Methode zur Bestimmung des Marktwertes des Eigenkapitals ist das Discounted-Cash-Flow-Verfahren.

Während die Marktkapitalisierung als Börsenwert eine Marktgröße darstellt, wird der Eigenkapitalwert beim Discounted-Cash-Flow-Verfahren aus unternehmensinternen Daten abgeleitet.

Discounted Cash Flow

Das *Discounted-Cash-Flow-Verfahren* (DCF) ist eine Methode zur Bewertung von Unternehmen, Projekten und Strategien. Es kommt aus der angloamerikanischen Bewertungspraxis und setzt sich in zunehmendem Maße auch in Deutschland durch.

Das Discounted-Cash-Flow-Verfahren weist die folgenden Merkmale auf:

✔ **Orientierung an Zahlungsströmen:** Als Ergebnisgröße wird nicht der Gewinn berücksichtigt, sondern es werden die zukünftigen *Free Cash Flows* zugrunde gelegt. Die Free Cash Flows sind die überschüssigen Zahlungsmittel, die an die Eigen- und Fremdkapitalgeber ausgeschüttet werden können, ohne das Unternehmen in seiner Substanz und Geschäftstätigkeit zu gefährden (siehe auch Kapital 7). Damit bleibt die Zukunftsfähigkeit des Unternehmens gesichert (*Going-concern-Prinzip*) und Wachstumschancen können wahrgenommen werden.

✔ **Zukunftsorientierte Sichtweise:** In einem *mehrperiodigen* Ansatz werden die *zukünftigen* Free Cash Flows der nächsten Jahre abdiskontiert.

✔ **Verwendung von Marktwerten:** Es werden Marktwerte und keine Buchwerte verwendet.

✔ **Verwendung eines risikoadäquaten Diskontierungszinssatzes:** Die Free Cash Flows werden mit den durchschnittlichen Kapitalkosten (WACC) des Unternehmens abgezinst. Die WACC beinhalten die Renditeerwartungen der Eigen- und Fremdkapitalgeber, die eine Abgeltung des für sie jeweils geltenden Unternehmensrisikos erwarten.

✔ **Berücksichtigung von Steuern:** Sowohl bei der Ermittlung des Free Cash Flow als auch bei der Ermittlung der WACC werden steuerliche Aspekte berücksichtigt.

Beim *Discounted-Cash-Flow-Verfahren* ermitteln Sie den Gesamtunternehmenswert, indem Sie die Barwerte aller zukünftigen Free Cash Flows aufsummieren. Die Barwerte berechnen Sie, indem Sie die einzelnen Free Cash Flows mit den durchschnittlichen Kapitalkosten (WACC) des Unternehmens auf den heutigen Zeitpunkt abzinsen.

Zur Ermittlung des Unternehmenswertes gibt es zwei Verfahren:
✔ Bruttoverfahren
✔ Nettoverfahren

Bruttoverfahren

Den Unternehmenswert können Sie nach dem sogenannten *Bruttoverfahren* (*Entity Method*) in zwei Schritten berechnen:

✓ **Schritt 1:** Berechnen Sie den aktuellen Gesamtwert des gesamten Unternehmens.

Dieser gesamte Unternehmenswert setzt sich aus dem Wert des Eigenkapitals *und* des Fremdkapitals zusammen. Er wird im Englischen als *Enterprise Value* bezeichnet.

$$UW = \frac{Free\ Cash\ Flow_1}{(1+WACC)} + \frac{Free\ Cash\ Flow_2}{(1+WACC)^2} + \frac{Free\ Cash\ Flow_3}{(1+WACC)^3} + \ldots$$

$$+ \frac{Free\ Cash\ Flow_n}{(1+WACC)^n} + \frac{Restwert_n}{(1+WACC)^n}$$

mit: $Restwert_n = \dfrac{Free\ Cash\ Flow_{n+1}}{WACC}$

UW = aktueller Unternehmenswert (Enterprise Value)

WACC = durchschnittliche Kapitalkosten eines Unternehmens

n = Ende des Planungshorizonts

Die Berechnung des aktuellen Unternehmenswertes setzt voraus, dass Sie die zukünftigen Free Cash Flows abschätzen können. Da dies aber oft nur für einen Prognosezeitraum von meist fünf bis zehn Jahren möglich ist, können Sie sich des folgenden Tricks bedienen: Berücksichtigen Sie alle nach dem Prognosezeitraum *n* liegenden Free Cash Flows in nur einer Größe, dem Restwert. Zur Berechnung des Restwerts »kapitalisieren« Sie den erwarteten Free Cash Flow des auf den Prognosezeitraum folgenden Jahres, also den Free Cash Flow$_{n+1}$. Kapitalisierung bedeutet, dass Sie den Free Cash Flow$_{n+1}$ einfach durch die WACC dividieren. Das Ergebnis zeigt den Barwert aller Free Cash Flows ab n + 1 zum Zeitpunkt n. Der Restwert$_n$ wird dann – wie auch alle Free Cash Flows – auf t = 0 abgezinst, um den heutigen Barwert zu ermitteln. Der gesamte Unternehmenswert entspricht dann der Summe aller Barwerte aus den Free Cash Flows der einzelnen Perioden inklusive des Restwerts.

Bei Übernahmeverhandlungen und Unternehmenskäufen (M&A-Geschäfte) muss der Käufer aber nur den Preis des Eigenkapitals bezahlen. Daher folgt der zweite Schritt:

✔ **Schritt 2:** Ziehen Sie den Marktwert des Fremdkapitals vom Wert des Gesamtunternehmens (Enterprise Value) ab, um den *Marktwert des Eigenkapitals* (*Equity Value*) und damit den Kaufpreis zu bestimmen.

$EK_{MW} = UW - FK_{MW}$

mit: EK_{MW} = Marktwert des Eigenkapitals (Equity Value)

FK_{MW} = Marktwert des Fremdkapitals

Als *Marktwert des Fremdkapitals* können Sie »Pi mal Daumen« den Buchwert des Fremdkapitals verwenden. Wenn Sie es genauer haben möchten, sollten Sie alle zukünftigen Zahlungen an die Fremdkapitalgeber bestimmen und dann den Gesamtbarwert dieser Zahlungen unter Abzinsung mit der risikoangepassten Renditeerwartung der Fremdkapitalgeber berechnen.

Nettoverfahren

Alternativ können Sie den Marktwert des Eigenkapitals nach dem *Nettoverfahren* (*Equity Method*) in nur einem Schritt berechnen. Dabei berücksichtigen Sie nur die Cashflows, die den Eigenkapitalgebern zugutekommen. Sämtliche Cashflows an die Eigenkapitalgeber werden zur Barwertbestimmung mit dem Zinssatz abgezinst, den die Eigenkapitalgeber für vergleichbare Anlagen am Kapitalmarkt erzielen könnten. Das Equity-Verfahren ist von der Systematik her eng verwandt mit dem klassischen Ertragswertverfahren, weist aber einige unterschiedliche Merkmale auf (siehe dazu die Auflistung zu den Merkmalen des Discounted-Cash-Flow-Verfahrensweiter vorn in diesem Kapitel).

Das Hauptproblem beim Discounted-Cash-Flow-Verfahren ist in der Praxis nicht der mathematische Ansatz, sondern die Ermittlung der zukünftigen Free Cash Flows. Es ist nicht leicht, die Cashflows für die nächsten fünf bis zehn Jahre zu schätzen, weil Sie dafür viele zukünftige Zahlungsgrößen prognostizieren müssen. Das ist schon fast ein »Blick in die Kristallkugel«, denn die Zukunft ist nun einmal nicht exakt berechenbar. Undnatürlich ist hier auch der Manipulation Tür und Tor geöffnet. Der Verkäufer eines Unternehmens wird beispielsweise die zukünftigen Free Cash Flows wohl eher »optimistisch« ansetzen, da dadurch der Unternehmenswert und der Eigenkapitalwert höher ausfallen als bei einer pessimistischen Sichtweise. Genau umgekehrt wird die Käuferseite an die Sache herangehen. Daher sollten Sie bei diesem Verfahren alle Zahlen immer mit einer gesunden Portion Skepsis betrachten und sich der Interessen der Parteien bewusst sein!

Market Value Added (MVA)

Der *Market-Value-Added*-Ansatz ist ein weiteres Verfahren zur Bestimmung des Eigenkapitalwertes aus unternehmensinternen Daten. Er baut auf dem EVA-Konzept auf, das weiter vorn in diesem Kapitel beschrieben wird. Dort wird gesagt, dass der Economic Value Added (EVA) den Übergewinn einer Periode angibt. Ein positiver EVA-Wert entsteht, wenn das Betriebsergebnis nach Steuern höher als die Kapitalkosten ist.

Der EVA-Ansatz bezieht sich auf eine bestimmte Periode (in der Regel ein Geschäftsjahr). Der Market Value Added (MVA) ist die Summe aller abgezinsten zukünftigen Übergewinne eines Geschäftsbereichs oder Unternehmens. Der MVA entspricht daher dem Gesamtbarwert aller erwarteten, zukünftigen EVA-Werte. Er sagt Ihnen, welchen Mehrwert ein Unternehmen über das eingesetzte Kapital hinaus geschaffen hat beziehungsweise in Zukunft voraussichtlich schaffen wird. Der MVA wird daher auch als *Marktwertzuwachs* bezeichnet.

$$MVA = \frac{EVA_1}{(1+WACC)} + \frac{EVA_2}{(1+WACC)^2} + \frac{EVA_3}{(1+WACC)_3} + \ldots \text{ (bis } \infty\text{)}$$

Sie können über den MVA auch den aktuellen Unternehmenswert UW über die folgende Formel bestimmen:

UW = Eingesetztes Kapital + MVA

Den Wert des eingesetzten Kapitals können Sie wie beim EVA-Konzept vereinfacht nach dem Schema der Tabelle 10.3 bestimmen.

Sie können den MVA etwas einfacher ermitteln, wenn Sie die letzte Gleichung etwas umstellen und nach MVA auflösen. Dann sieht die Formel so aus:

MVA = UW − eingesetztes Kapital

Den Unternehmenswert UW können Sie folgendermaßen bestimmen (siehe den Abschnitt »Discounted Cash Flow« weiter vorn in diesem Kapitel):

UW = EK_{MW} + FK_{MW}

Da Sie den Marktwert des Eigenkapitals auch mit der Marktkapitalisierung (siehe den Abschnitt »Marktkapitalisierung« weiter vorn in diesem Kapitel) gleichsetzen können, können Sie den MVA statt über die EVA-Werte auch ermitteln, indem Sie diese beiden Formeln miteinander kombinieren und dabei für EK_{MW} die Marktkapitalisierung nehmen:

MVA = Marktkapitalisierung + FK_{MW} − eingesetztes Kapital

Das ist wesentlich einfacher als die MVA-Berechnung über die EVA-Werte. Nun können Sie auch den MVA für die Stahl AG relativ leicht bestimmen, ohne auf die Schätzung aller zukünftigen EVA-Werte angewiesen zu sein (die die Kenntnis unternehmensinterner Daten voraussetzt!).

Für die Ermittlung des MVA der Stahl AG für 2012 können Sie die folgenden Daten verwenden:

- ✔ Marktkapitalisierung = 15 Mrd. Euro = 15.000 Mio. Euro
  (siehe den Abschnitt »Marktkapitalisierung«)

- ✔ FK_{MW} = Buchwert des Fremdkapital für 2012 =
  Bilanzsumme − Buchwert des Eigenkapitals =
  41.000 Mio. Euro − 11.000 Mio. Euro = 30.000 Mio. Euro
  (siehe die Bilanz der Stahl AG für 2012 zu Beginn des Kapitals 7)

- ✔ eingesetztes Kapital = 34.000 Mio. Euro
  (siehe das Beispiel im Abschnitt »Return on Capital Employed (ROCE)« weiter vorn in diesem Kapitel)

MVA = Marktkapitalisierung + FK_{MW} − eingesetztes Kapital

MVA = 15.000 Mio. Euro + 30.000 Mio. Euro − 34.000 Mio. Euro
= 11.000 Mio. Euro

Der Market Value Added (MVA) oder Marktwertzuwachs für die Stahl AG beträgt auf Basis der aktuellen Marktkapitalisierung 11 Mrd. Euro. Das ist der Mehrwert, den der Konzern aus heutiger Sicht für seine Aktionäre auf Basis des eingesetzten Kapitals geschaffen hat.

Ein Konzept zur Steigerung des MVA ist das wertorientierte Portfoliomanagement.

Wertorientiertes Portfoliomanagement

Die *Portfolio-Analyse* ist ein Instrument zur Bestimmung von optimal ausgewogenen Geschäftsstrategien insbesondere für Produktsortimente. Sie hilft Ihnen, für strategische Geschäftseinheiten (Produkte, Geschäftsbereiche) Marketingstrategien abzuleiten, die dauerhaft hohe Marktanteile und Wettbewerbsvorteile sichern sollen. Die beiden bekanntesten Portfolio-Analysen sind das Marktanteils- und Marktwachstumsportfolio (Vier-Felder-Matrix) der Boston Consulting Group (BCG) und das Marktattraktivitäts-Wettbewerbsvorteil-Portfolio von McKinsey.

Das Konzept der Portfolio-Analyse können Sie auf die wertorientierte Unternehmensführung übertragen. Sinnvoll erscheint dies insbesondere für größere Konzerne, die viele Geschäftsbereiche haben. Für die Bildung des zweidimensionalen Portfolios können Sie folgende Dimensionen für die Bewertung der strategischen Geschäftseinheiten verwenden:

- ✔ **Wertbeitrag:** Diesen können Sie anhand der Kennzahlen Economic Value Added (EVA), Return on Capital Employed (ROCE) oder Cash Flow Return on Investment (CFROI) bestimmen. Ein positiver Wertbeitrag liegt vor, wenn der EVA-Wert positiv ist oder der ROCE und der CFROI höher als die WACC sind (siehe dazu die vorherigen Abschnitte). Andernfalls ist ein negativer Wertbeitrag entstanden.

- ✔ **Wertbeitragstrend:** Die Veränderung des Wertbeitrags kann im Zeitverlauf eine positive oder negative *Tendenz* aufweisen. Einen positiven Wertbeitragstrend können Sie als positives Signal werten. Anstelle des Wertbeitragstrends können Sie auch das Marktwachstum oder die Marktattraktivität als zweite Dimension des Portfolios nehmen.

Mithilfe dieser beiden Dimensionen können Sie für ein wertorientiertes Portfoliomanagement eine Vier-Felder-Matrix bilden. Dann sollten Sie jede strategische Geschäftseinheit in eines der vier Felder einordnen.

	Negativer Wertbeitragstrend	Positiver Wertbeitragstrend
Positiver Wertbeitrag	Wert-Abschmelzer	Wert-Erzeuger
Negativer Wertbeitrag	Wert-Zerstörer	Wert-Aufholer

Tabelle 10.6: Wertorientiertes Portfoliomanagement

Für die vier Matrixfelder können Sie folgende Normstrategien für Ihre Geschäftspolitik verfolgen:

- ✔ **Wert-Abschmelzer (Value Melter):** Behalten Sie die Geschäftseinheit bei und schöpfen Sie die Wertbeiträge ab.

- ✔ **Wert-Zerstörer (Value Destroyer):** Verkaufen Sie die Geschäftseinheit oder lösen Sie sie auf. Sie wirft keinen Gewinn ab, nicht einmal die Kapitalkosten werden gedeckt. Eventuell könnte auch eine radikale Sanierung der Geschäftseinheit helfen, über Kosteneinsparungen zu positiven Wertbeiträgen zu kommen.

- ✔ **Wert-Erzeuger (Value Creator):** Behalten Sie diesen Geschäftsbereich unbedingt bei und bauen ihn gegebenenfalls aus. Des Managers Liebling!

✔ **Wert-Aufholer (Value Backlogger):** Der Geschäftsbereich hat zwar aktuell einen negativen Wertbeitrag, weist aber eine positive Tendenz auf. Falls Sie durch geeignete wertsteigernde Maßnahmen bald einen positiven Wertbeitrag erzielen können, sollten Sie den Geschäftsbereich entsprechend fördern. Ansonsten ziehen Sie sich besser aus diesem Geschäftsbereich zurück.

Für die Umsetzung der wertorientierten Unternehmensführung müssen Sie auf eine Fülle von operativen Werttreibern achten. Diese können Sie sowohl durch finanzielle Kennzahlen (siehe Kapitel 7 sowie in diesem Kapitel) als auch durch nicht finanzielle Steuerungsgrößen (zum Beispiel Kundenzufriedenheit, Produktqualität) erfassen. Dazu bedarf es eines umfassenden Steuerungsinstruments wie der Balanced Scorecard.

Balanced Scorecard

Die *Balanced Scorecard* können Sie als ein umfassendes Managementinformationssystem und Führungsinstrument zur Umsetzung Ihrer strategischen Ziele nutzen. Als eine Art *Management-Cockpit* hilft sie Ihnen, die Vision und die Strategie Ihres Unternehmens in möglichst transparenter Weise darzustellen und umzusetzen. Dazu werden den unterschiedlichen Unternehmensbereichen konkrete und damit nachprüfbare Ziele, Kennzahlen und Maßnahmen vorgegeben.

Die Balanced Scorecard berücksichtigt gleichermaßen

✔ kurz- und langfristige Ergebnisziele,

✔ finanzielle und nicht finanzielle Ziele,

✔ quantitative und qualitative Aspekte,

✔ unternehmensinterne und -externe Perspektiven,

✔ vergangenheits- und zukunftsorientierte Größen.

Durch diese Mehrdimensionalität wird erreicht, dass das Management nicht nur auf finanzielle Ziele ausgerichtet ist, sondern *alle* relevanten Erfolgsgrößen beachtet. Die Balanced Scorecard verbindet den Gedanken der Ausgewogenheit (Balanced) mit dem Gedanken des übersichtlichen Berichtsbogens (Scorecard). Die Balanced Scorecard ist ein Kompass, der Ihnen bei der Steuerung Ihres Unternehmens stets die richtige Orientierung geben soll.

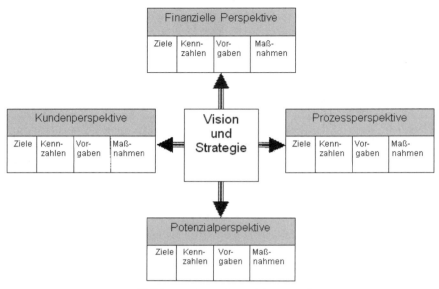

Abbildung 10.1: Balanced Scorecard

Die Balanced Scorecard hat meist die in Abbildung 10.1 aufgeführten vier Dimensionen und Perspektiven:

✔ **Finanzielle Perspektive:** Hier werden die Erwartungen der Kapitalgeber durch Vorgabe von finanziellen Zielen berücksichtigt.

✔ **Kundenperspektive:** Durch Erfüllung der Kundenerwartungen soll das Kundenpotenzial ausgeschöpft und die Kaufbereitschaft der Kunden optimiert werden.

✔ **Prozessperspektive:** Hier sollen die betrieblichen Abläufe optimiert werden, um Kosten zu senken und die Wettbewerbsfähigkeit des Unternehmens zu sichern.

✔ **Potenzialperspektive:** Diese Perspektive soll das Unternehmen in die Lage versetzen, Wachstums-, Innovations- und Mitarbeiterpotenziale zu erkennen, zu fördern und zu nutzen. Die hier ermittelten Ziele und Kennzahlen sollen das langfristige Überleben des Unternehmens absichern und eine kontinuierliche Verbesserung ermöglichen.

Damit bietet Ihnen die Balanced Scorecard die Möglichkeit, Ihre wichtigsten Ziele in Form von Sollkennzahlen vorzugeben. Durch einen Soll-Ist-Vergleich der Kennzahlen können Sie überprüfen, ob Ihre Ziele auch erreicht wurden. In Tabelle 10.7 finden Sie für die einzelnen Perspektiven der Balanced Scorecard typische strategische Ziele und einige dazu passende Kennzahlen mit der dazugehörigen Fundstelle in diesem Buch aufgelistet. Die genaue Seitenzahl für einzelne Kennzahlen können Sie über die Nutzung des Sach- und Stichwortverzeichnisses am Ende des Buches schnell finden.

Perspektive der Balanced Scorecard	Strategische Ziele (Beispiele)	Kennzahlen	In diesem Buch in Kapitel
Finanzielle Perspektive	Umsatz erhöhen	Umsatz, Sättigungsgrad des Marktes, Marktwachstum, Angebotserfolg, Auftragsreichweite, Umsatz pro Mitarbeiter	4, 9
	Gewinn erhöhen	Jahresüberschuss, EBIT, EBITDA, NOPOAT	1, 10
	Rentabilität verbessern	Eigenkapitalrentabilität, Umsatzrentabilität, Cashflow-Marge, ROI	1, 7
	Cashflow erhöhen	Cashflow, Free Cash Flow, Cashflow pro Mitarbeiter	7, 9
	Kapitalstruktur optimieren	Eigenkapitalquote, Verschuldungsgrad, Finanzierungsregeln, Leverage-Effekt	6, 7
	Wertbeiträge verbessern	EVA, ROCE, CFROI, Marktkapitalisierung, MVA	10
Kundenperspektive	Marktanteile ausbauen	absoluter Marktanteil, relativer Marktanteil, Exportquote	4
	Kundenbindung erhöhen	durchschnittlicher Umsatz pro Kunde	4
	Kundenrentabilität verbessern	Break-even-Point, Deckungsbeitragsrechnung, Preisuntergrenze	3, 8

Perspektive der Balanced Scorecard	Strategische Ziele (Beispiele)	Kennzahlen	In diesem Buch in Kapitel
Prozessperspektive	Lagerbestände minimieren	optimale Bestellmenge, Lieferbereitschaftsgrad, Lagerumschlagshäufigkeit, durchschnittliche Lagerdauer, Lagerbestand in % des Umsatzes	2
	Produktionsprozesse optimieren	optimale Losgröße, Beschäftigungsgrad, Kapazitätsauslastungsgrad, Ausschussquoten	3
	Kosten senken	Stückkosten, Herstellkosten, Selbstkosten, Personalaufwandsquote, Personalkosten je Mitarbeiter	8, 9
Potenzialperspektive	Neue Investitionen durchführen	Kennzahlen der Investitionsrechnung (statische Methoden, Kapitalwert, Annuität, interner Zinsfuß, VoFi, Nutzwerte)	5
	Personal motivieren	Fluktuationsquote, Fehlzeitenquote, Krankheitsquote, Weiterbildungszeit pro Mitarbeiter, Weiterbildungskosten pro Mitarbeiter	9

Tabelle 10.7: Ziele und Kennzahlen der Balanced Scorecard

Die Anzahl der Dimensionen und die konkreten Ziele und Kennzahlen der Balanced Scorecard werden in jedem Unternehmen individuell und situationsabhängig festgelegt. Beim Aufbau einer Balanced Scorecard sollten Sie aber immer die finanzielle Perspektive und die Kundenperspektive berücksichtigen. Bei der Formulierung der Ziele und Kennzahlen können Sie natürlich auch eher qualitative Größen wie Kundenzufriedenheit, Kundentreue, Unternehmensimage, Bekanntheitsgrad, Produktqualität und so weiter einbeziehen.

Um die Übersichtlichkeit nicht zu gefährden, sollten Sie wirklich nur die wichtigsten Kennzahlen auswählen!

Teil V
Der Top-Ten-Teil

»Das Geschäft läuft gut, aber der schwache Dollar erschwert meine Exporte nach Übersee.«

In diesem Teil ...

Der letzte Teil des Buches bietet in bewährter Tradition der ... *für Dummies*-Reihe einen Top-Ten-Teil mit zwei Zehnerlisten aus der Welt der BWL-Formeln.

Ich habe zunächst die meiner Meinung nach zehn wichtigsten Tipps und Tricks zusammengefasst, die Sie bei der Berechnung und Verwendung von Formeln beachten sollten. Dann mache ich Sie mit den zehn vermutlich wichtigsten Kennzahlen und Formeln vertraut, die es in der Betriebswirtschaftslehre gibt.

Viel Spaß!

Zehn Tipps und Tricks

11

In diesem Kapitel ...

▶ Tipps zum Umgang mit Formeln

▶ Einige Tricks und Kniffe

▶ Trauen Sie keiner Formel, die Sie nicht selbst gefälscht haben

In diesem Kapitel möchte ich Ihnen zunächst *fünf Tipps* mit auf dem Weg geben, die Ihnen den Umgang mit Formeln erleichtern. Im Anschluss zeige ich Ihnen *fünf Tricks*, wie Sie Formeln »kreativ«, aber legal gestalten können.

Fünf Tipps für den Formeldschungel

Formeln sind Wegweiser im Zahlendschungel. Damit Sie aber diese Wegweiser auch richtig nutzen können, brauchen Sie wie im Dschungel eine gesunde Grundorientierung, damit Sie sich nicht verirren. Bezogen auf Formeln bedeutet dies, dass Sie einige grundlegende Dinge beachten müssen. Dafür möchte ich Ihnen fünf Tipps mit auf den Weg geben. Die Tipps dienen dazu, Antworten auf die folgenden fünf Fragen zu finden:

✔ Wie ist eine Kennzahl aufgebaut und welche Dimension hat sie?

✔ Welche Daten brauchen Sie für welchen Verwendungszweck?

✔ Wie können Sie die Aussagekraft einer Kennzahl erhöhen?

✔ Wie können Sie eine Formel möglichst einfach berechnen?

✔ Welche Probleme können bei der Interpretation auftauchen?

Eine Kennzahl aufbauen

Betriebswirtschaftliche Kennzahlen oder Kennziffern sind Zahlen, mit denen Sie wichtige betriebswirtschaftliche Sachverhalte in verdichteter Form wiedergeben und beurteilen können. Sie werden meist aus den vorhandenen Daten des Rechnungswesens gebildet.

Um eine Kennzahl aufzubauen, haben Sie zwei grundsätzliche Möglichkeiten:
- ✔ absolute Zahlen (Grundzahlen)
- ✔ Verhältniszahlen (relative Zahlen)

Absolute Zahlen

Dabei handelt es sich um betriebswirtschaftliche Einzelwerte (Kassenbestand, Aktienkurs), Summenwerte (Bilanzsumme), Differenzwerte (Deckungsbeitrag) und Mittelwerte (durchschnittlicher Lagerbestand). Ihr Informationsgehalt hängt von der Aussagekraft des jeweiligen Wertes ab. Bei einer isolierten Betrachtung fällt es oft schwer, die Bedeutung einer absoluten Zahl einzuschätzen.

Absolute Zahlen sind besonders dann problematisch, wenn sie das Vorstellungsvermögen überschreiten. Zum Beispiel können Sie den Unterschied zwischen 5.000 Euro und 50.000 Euro gut einschätzen. Aber wie nehmen Sie den Unterschied zwischen 50 Mio. Euro und 500 Mio. Euro wahr? Beträge in Millionen oder Milliarden Euro übersteigen das Vorstellungsvermögen der meisten Menschen. Leichter zu verstehen sind oft Verhältniszahlen.

Immer schön ins Verhältnis setzen: Verhältniszahlen

Bei *Verhältniszahlen*, auch *relative Zahlen* genannt, setzen Sie zwei ausgewählte Größen, zwischen denen ein sachlicher Zusammenhang besteht, in einen geeigneten Bezug zueinander. So bewirken Sie eine Verdichtung von mehreren Zahlen und Daten zu einer aussagekräftigen Schlüsselgröße, die leichter zu verstehen ist. Verhältniszahlen sind besonders für Vergleiche geeignet.

Folgende Verhältniszahlengibt es:

- ✔ **Gliederungszahlen:** Hier vergleichen Sie zwei gleich*artige*, aber ungleich*rangige* Größen, das heißt eine Teilgröße mit einer zugehörigen Gesamtgröße. In der BWL dienen Gliederungszahlen insbesondere dazu, die Aufteilung einer Schlüsselgröße wie des Umsatzes (nach Produkten, Kunden, Regionen) oder des Gesamtkapitals (nach Fristigkeit oder Herkunft der Kapitalgeber) anzugeben. Hier ein Beispiel:

$$\text{Eigenkapitalquote} = \frac{\text{Eigenkapital}}{\text{Gesamtkapital}} \cdot 100$$

- ✔ **Beziehungszahlen:** Sie geben das Verhältnis von zwei ungleichartigen Größen (wie Gewinn und Kapital) an, die aber aufgrund ihres sachlichen Zusammenhang gleichrangig sind. Ein Beispiel:

$$\text{Eigenkapitalrentabilität} = \frac{\text{Jahresüberschuss}}{\text{Eigenkapital}} \cdot 100$$

✔ **Indexzahlen:** Sie zeigen Ihnen die Entwicklung einer Größe im Verhältnis zu einem Ausgangswert im Zeitverlauf auf. Der Ausgangswert (Basiswert) wird häufig gleich 100 gesetzt. So können Sie analysieren, wie sich eine Kennzahl im Zeitverlauf gegenüber dem Basiszeitpunkt entwickelt hat. So können Sie Trends wunderbar verdeutlichen.

Ein Beispiel: Umsatzentwicklung von 2000 bis 2012, bezogen auf das Jahr 2000 als Basisjahr (≙ 100 %).

Sie können auch mehrere Kennzahlen zueinander in Beziehung setzen. Dann spricht man von einem *Kennzahlensystem*. Beispiel dafür ist das Du-Pont-Kennzahlensystem oder ROI-Schema (siehe Kapitel 7).

Aber Achtung: Egal wie Sie eine Kennzahl aufbauen, Sie sollten immer *auf die richtige Dimension achten*. So wie Sie zwischen Äpfeln und Birnen unterscheiden müssen, sollten Sie bei einer Kennzahl die richtige Dimension angeben. Absolute Zahlen haben meistens Geldeinheiten (zum Beispiel Euro) als Dimension, Verhältniszahlen werden meist als %-Größe definiert. Es gibt aber auch andere Dimensionen wie Tage (Lagerdauer) oder Stück (Break-even-Menge). Absolut peinlich ist es, eine Kennzahl zu präsentieren und dabei die Dimension nicht zu kennen oder gar eine falsche Dimension anzugeben. Eine Nachfrage, und man ist blamiert! Das kann Ihnen aber als Formelexperte nach dem Lesen dieses Buches nicht passieren.

Die zum Verwendungszweck einer Kennzahl passenden Daten verwenden

Betriebswirtschaftliche Kennzahlen und Formeln sind kein Selbstzweck. Sie dienen

✔ zur *Dokumentation* von Ergebnissen,

✔ zur *Kontrolle* zwischen angestrebtem und erreichtem Ergebnis,

✔ als *Informationsgrundlage* für betriebswirtschaftliche Entscheidungen,

✔ zur *Koordination und Verhaltenssteuerung*, beispielsweise durch Vorgabe von Kennzahlen.

Je nach Zielsetzung benötigen Sie für die Bildung der Kennzahlen völlig unterschiedliche Daten:

✔ **Vergangenheitsdaten** entnehmen Sie dem Rechnungswesen eines Unternehmens, zum Beispiel aus der Bilanz des abgelaufenen Geschäftsjahres. Diese Daten benötigen Sie zur *Dokumentation* der Ergebnisse der letzten Zeit und als Istzahlen bei der *Kontrolle*.

✔ **Plandaten** sind erwartete Zahlen für die nächsten Wochen, Monate oder Jahre. Sie benötigen Plandaten bei der *Kontrolle*, wenn Sie die alten Plandaten (= Sollzahlen) mit den letzten Istzahlen vergleichen. Da *betriebswirtschaftliche Entscheidungen* auf die Zukunft bezogen sind, basieren sie ebenfalls auf Plandaten. Auch die *Koordination und Verhaltenssteuerung* ist meist auf Planzahlen angewiesen, zum Beispiel als Vorgaben oder Budgets.

 Wenn Sie selbst eine Kennzahl oder Formel berechnen, sollten Sie immer nach dem Verwendungszweck fragen, um dann festzulegen, ob Sie als Datenbasis Vergangenheitszahlen oder Planzahlen verwenden.

Kennzahlenvergleiche durchführen

Kennzahlen erhalten oft erst dann eine Bedeutung und gewinnen an Aussagekraft, wenn ihnen vergleichbare Kenngrößen gegenübergestellt werden. Zur Durchführung eines Kennzahlenvergleichs können Sie die folgenden Möglichkeiten nutzen:

✔ **Zeitvergleich:** Hier vergleichen Sie den aktuellen Wert einer Kennzahl mit den vergangenen Werten dieser Kennzahl im gleichen Unternehmen. Sie vergleichen beispielsweise die aktuellen Umsatzerlöse mit denen der letzten fünf Jahre. Dadurch können Sie insbesondere Trendentwicklungen aufzeigen.

✔ **Betriebs- oder Branchenvergleich:** Sie vergleichen die Kennzahlen Ihres Unternehmens mit denen anderer Unternehmen. Dazu nehmen Sie Unternehmen der gleichen Branche, um nicht Äpfel und Birnen zu vergleichen. Schließlich kann man doch eine Brauerei nicht sinnvoll mit einer Bank vergleichen, oder? Auch sollten die Vergleichsunternehmen aus dem gleichen Grund eine ähnliche Größenordnung haben.

Eine besondere Bedeutung beim Betriebsvergleich hat das sogenannte *Benchmarking*. Hier vergleichen Sie die Kennzahlen Ihres Unternehmens mit denen des »besten Unternehmens« der Branche. Dieses stellt eine Art Messlatte (Benchmark, auch *bestpractice* genannt) dar, an der Sie sich orientieren können.

✔ **Soll-Ist-Vergleich:** Diesen brauchen Sie für unternehmensinterne Zwecke. Sie vergleichen nämlich die unternehmenseigenen Sollzahlen (Vorgaben und Planwerte) mit den entsprechenden Istzahlen, die tatsächlich erreicht wurden. Zeigen sich bei einer solchen Kontrolle Abweichungen zwischen den Soll- und Istzahlen, sollten Sie im Rahmen einer Abweichungsanalyse nach den Ursachen suchen.

 Um die Aussagefähigkeit einer Kennzahl zu erhöhen, sollten Sie nach Möglichkeit Zeitvergleiche, Betriebs- oder Branchenvergleiche und Soll-Ist-Vergleiche durchführen. Durch grafische Darstellungen können Sie die Vergleichszahlen visualisieren und damit den Vergleich noch transparenter gestalten. Zeigen sich dabei auffällige Unterschiede, sollten Sie versuchen, die Ursachen dafür zu ermitteln.

Kennzahlen und Formeln berechnen

Sie stehen mit der Mathematik auf Kriegsfuß und möchten auf einfache Weise Kennzahlen und Formeln berechnen? Kein Problem. Hier einige Hinweise und Tipps:

✔ **Nutzen Sie einen Taschenrechner.** Falls kein Taschenrechner in der Nähe ist, können Sie auch die Rechenfunktion Ihres Handys nutzen. Kleiner Tipp dabei: Falls Sie eine Prozentgröße ausrechnen möchten und keine %-Taste verfügbar ist oder Sie das Handling nicht kennen, können Sie auch mit Dezimalzahlen rechnen. 20 % von 50 können Sie auch wie folgt berechnen: $0{,}2 \cdot 50 = 10$

✔ **Nutzen Sie die Software auf Ihrem PC.** Einen einfachen Taschenrechner finden Sie standardmäßig bei fast jedem Betriebssystem. Außerdem können Sie über das Programm Excel aus dem Microsoft-Office-Paket alle in dieser Formelsammlung behandelten Formeln ausrechnen. Dazu müssen Sie dann allerdings über entsprechende Excel-Kenntnisse verfügen. Falls Sie diese nicht haben, gibt es eine schöne Alternative:

✔ **Nutzen Sie Internetportale.** Einige der wichtigsten BWL-Formeln können Sie über die Internetseite von »Rechneronline.de« berechnen. Auf dieser Seite gibt es ein Tool »Formelsammlung BWL und Bankrechner«. Komplizierte, mehrperiodige Kennzahlen wie den Effektivzins eines Kredits, den Kapitalwert oder die Rendite (interner Zinsfuß) einer Investition können Sie über »zinsen-berechnen.de« ermitteln, wo Sie einen speziellen Renditerechner nutzen können.

Vorsicht bei der Interpretation

 Leider gibt es auch Fälle, in denen Sie mit den bekannten Formeln *keine sinnvollen Ergebnisse* ermitteln können.

Bei untypischen Vorzeichen kann die Interpretation einer Kennzahl wenig sinnvoll bis unmöglich sein. Ein Unternehmen hat ein Jahresergebnis von −10 Mio. Euro bei einem (durch Verlustvorträge) negativen Eigenkapital von 100 Mio. Euro erzielt. Die Eigenkapitalrentabilität beträgt dann:

$$\text{Eigenkapitalrentabilität} = \frac{\text{Jahresüberschuss}}{\text{Eigenkapital}} \cdot 100 = \frac{-10 \text{ Mio. Euro}}{-100 \text{ Mio. Euro}} \cdot 100 = 10\,\%$$

Dieser Wert ist natürlich *nicht interpretierbar*, denn die Erfolgslage des Unternehmens ist natürlich katastrophal. Ein gesundes Unternehmen mit einem Jahresüberschuss von +10 Mio. Euro und einem Eigenkapital von 100 Mio. Euro hätte ebenfalls eine Eigenkapitalrendite von 10 %.

Gott sei Dank sind solche Fälle aber nur sehr selten!

Fünf Tricks im Formeldschungel

Neben einer Grundorientierung muss man wie im Dschungel auch einige Schleichwege und Tricks kennen, um die richtigen Wege zu nehmen und nicht durch andere hereingelegt werden zu können. Für die Berechnung von Kennzahlen benötigen Sie die entsprechenden Daten, die Sie sehr häufig aus dem Rechnungswesen des Unternehmens bekommen. Leider sind diese Zahlen aber manchmal keine objektiven und eindeutigen Daten, sondern es gibt Spielräume bei der Ermittlung der Daten.

Kennzahlen durch Bilanzpolitik verbessern

Insbesondere die Bilanzpolitik gibt einem Unternehmen die Möglichkeiten, wichtige Daten so zu gestalten, wie es den Zielen des Unternehmens bestmöglich entspricht. Dazu gibt es verschiedene bilanzpolitische Ansatzpunkte, deren Erläuterung den Charakter einer Formelsammlung sprengen würde. Ich zeige Ihnen hier ein paar Beispiele aus dem Bereich der Ansatz- und Bewertungswahlrechte, wie ein Unternehmen durch die Ausnutzung bilanzpolitischer Ansatz- und Bewertungsspielräume bestimmte Kennzahlen beeinflussen kann. Einige Beispiele für Ansatz- und Bewertungswahlrechte nach HGB finden Sie in Tabelle 11.1.

11 ➤ Zehn Tipps und Tricks

Position	Wahlrecht	Rechtsgrundlage
Fertige und unfertige Erzeugnisse	Bewertung der Herstellungskosten (zum Beispiel Behandlung der Verwaltungsgemeinkosten)	§ 255 Abs. 2 und 3 HGB
Vorräte	Wahl des Verbrauchsfolgeverfahren (FIFO, LIFO ...)	§ 256 HGB
Sachanlagen	Abschreibungsmethode (linear, leistungsabhängig), außerplanmäßige Abschreibungen (Bestimmung des beizulegenden Wertes?)	§ 253 Abs. 3 und 4 HGB
Finanzanlagen	Abschreibungswahlrecht auch bei voraussichtlich nur vorübergehender Wertminderung	§ 253 Abs. 3
Rückstellungen	Nach vernünftiger (?) kaufmännischer Beurteilung	§ 253 Abs. 1 HGB
Geschäfts- oder Firmenwert	Abschreibungsdauer (3 Jahre, 8 Jahre?)	§ 253 Abs. 5 HGB
Aktive latente Steuern	Ansatzwahlrecht	BilMoG
Geringwertige Wirtschaftsgüter (GWG)	Ansatzwahlrecht: Sofortabschreibung (= keine Aktivierung) oder planmäßige Abschreibung	§ 6 Abs. 2 EStG

Tabelle 11.1: Ansatz- und Bewertungswahlrechte nach HGB

Die Nutzung von Ansatz- und Bewertungswahlrechten beeinflusst

✔ einzelne Bilanzpositionen dem Ansatz nach oder in ihrer Höhe,

✔ die Höhe des Eigenkapitals und des Jahreserfolgs und somit

✔ alle auf diesen Größen aufbauenden Kennzahlen und Formeln.

Ob Bewertungswahlrechte genutzt wurden, können Sie im Anhang des Jahresabschlusses feststellen. Dort müssen nämlich die Bilanzierungs- und Bewertungsmethoden dokumentiert sowie Änderungen angegeben und begründet werden. Eine genaue Analyse der Ergebnis- und Vermögensauswirkungen sollten Sie aber wegen des damit verbundenen hohen Aufwands den Fachexperten überlassen.

Window Dressing

Der Begriff *Window Dressing* kommt aus dem Englischen und bedeutet »Schaufensterdekoration«. Beim Window Dressing verbessern Sie das Bild des Unternehmens gegenüber dem Bilanzleser durch eine kurzfristig wirkende bilanzpolitische Maßnahme. Es ist fast so, als wenn Sie kurz vor Weihnachten zum Friseur gehen. Aber anstatt sich die eigentlich zu langen Haare vernünftig schneiden zu lassen, lassen Sie sich die Haare nur waschen, föhnen und kämmen, damit Sie über die Festtage gut aussehen. Window Dressing wird kurze Zeit vor dem Stichtag des Jahresabschlusses betrieben und dient ausschließlich der kurzfristigen optischen Gestaltung des Bilanzbildes und nicht der dauerhaften Verbesserung der Bilanzstruktur.

Im Mittelpunkt des Window Dressing bei Unternehmen steht oft die Verbesserung des Liquiditätsausweises, insbesondere der Liquiditätsgrade.

Lassen Sie uns das anhand des folgenden Beispielsgenauer anschauen: Die Zahlenkünstler AG hat offensichtlich Liquiditätsprobleme. Die Liquidität 3. Grades weist einen relativ schlechten Wert aus:

$$\text{Liquidität 3. Grades} = \frac{\text{kurzfr. Umlaufvermögen}}{\text{kurzfr. Verbindlichkeiten}} \cdot 100 = \frac{50 \text{ Mio. Euro}}{100 \text{ Mio. Euro}} \cdot 100 = 50\,\%$$

Als Maßnahme des Window Dressing wird ein dreitägiger Bankkredit von 50 Mio. Euro aufgenommen. Dieser erhöht sowohl das Bankguthaben und damit das kurzfristige Umlaufvermögen als auch die kurzfristigen Verbindlichkeiten um jeweils 50 Mio. Euro. Die Liquidität 3. Grades verbessert sich dadurch kurzfristig auf:

$$\text{Liquidität 3. Grades} = \frac{100 \text{ Mio. Euro}}{150 \text{ Mio. Euro}} \cdot 100 = 66{,}67\ \%$$

Hin und Her: Wertpapierpensionsgeschäfte

Eine andere zulässige Maßnahme beim Window Dressing ist die Durchführung von *Wertpapierpensionsgeschäften*. Dabei verkaufen Sie Vermögensgegenstände kurz vor dem Bilanzstichtag mit der Verpflichtung, sie anschließend wieder zurückzukaufen. So können Sie eine mangelnde Liquidität eines Unternehmens dadurch verschleiern, dass Sie langfristige Anleihen an eine Bank verkaufen. Dadurch tauschen Sie die Anleihen praktisch gegen Bargeld und erhöhen so Ihre liquiden Mittel. Aber nur für kurze Zeit, denn anschließend wird wieder zurückgetauscht: Sie bekommen die Anleihen zurück, und die Bank den Kaufpreis. Dann ist wieder alles beim Alten.

Die Eigenkapitalrentabilität verbessern

Die Gesellschafter eines Unternehmens erwarten für ihr investiertes Eigenkapital eine angemessene Rendite. Dabei ist zu berücksichtigen, dass Eigenkapital besonders hohen Risiken unterliegt (Verluste werden immer zuerst durch das Eigenkapital aufgefangen) und daher auch eine höhere Verzinsung als risikolose Anlagen aufweisen sollte. Bekommen die Eigenkapitalgeber keine ausreichende Verzinsung für ihr investiertes Kapital, werden sie ihr Kapital abziehen oder zumindest kein weiteres Kapital mehr in das Unternehmen investieren. Daher müssen die Unternehmen darauf achten, eine angemessene Eigenkapitalrendite zu erwirtschaften.

Zurück zur Zahlenkünstler AG. Sie weist folgende Eigenkapitalrendite aus:

$$\text{Eigenkapitalrendite} = \frac{\text{Jahresüberschuss}}{\text{Eigenkapital}} \cdot 100 = \frac{50\,\text{Mio. Euro}}{500\,\text{Mio. Euro}} \cdot 100 = 10\,\%$$

Leider erwarten die Eigenkapitalgeber, oft gerade internationale Investoren, in guten Zeiten deutlich höhere Renditen. Zur Erhöhung der Eigenkapitalrendite hat die Zahlenkünstler AG folgende Möglichkeiten:

- ✔ **Sie erhöht den Jahresüberschuss.** Dazu muss sie die Umsatzerlöse erhöhen und/oder die Aufwendungen senken. In wettbewerbsintensiven Märkten mit geringen Margen ist dies oft kaum möglich.

- ✔ **Sie setzt weniger Eigenkapital ein**, zum Beispiel indem sie das Eigenkapital durch Fremdkapital ersetzt (Kreditaufnahme und gleichzeitige Herabsetzung des Eigenkapitals).

Die Zahlenkünstler AG wählt Möglichkeit zwei und nimmt einen Bankkredit über 400 Mio. Euro auf und schüttet das Geld an die Eigenkapitalgeber im Wege einer Kapitalherabsetzung aus. Damit sinkt das Eigenkapital auf 100 Mio. Euro. Leider sinkt aber auch der Jahresüberschuss auf 30 Mio. Euro, da das Unternehmen für den Bankkredit zusätzliche Zinsaufwendungen von 20 Mio. Euro hat (Annahme: 5 % von 400 Mio. Euro). Die Eigenkapitalrentabilität beträgt jetzt:

$$\text{Eigenkapitalrendite} = \frac{30\,\text{Mio. Euro}}{100\,\text{Mio. Euro}} \cdot 100 = 30\,\%$$

Mit dieser Rendite dürften jetzt alle Investoren mehr als zufrieden sein! Und diese Erhöhung wurde ohne jede Änderung im operativen Geschäft des Unternehmens erreicht.

Die Hebelwirkung der Erhöhung des Fremdkapitals auf die Eigenkapitalrendite wird auch *Leverage-Effekt* genannt. Mehr dazu können Sie in Kapitel 6 im gleichnamigen Abschnitt erfahren. Leider hat dieser Effekt aber auch problematische Nebenwirkungen. Die Erhöhung des Fremdkapitals und die gleichzeitige Verminderung des Eigenkapitals führen nämlich zu einer Erhöhung des *Verschuldungsgrades* und zu einer Minderung der *Eigenkapitalquote*. Warum eine Veränderung dieser Größen Probleme aufwerfen könnte, können Sie in Kapitel 7 im Abschnitt »Kapitalstruktur« nachlesen.

Grenzen der Kennzahlen- und Formelanalyse

Jetzt kennen Sie einige Tricks und Kniffe, wie Sie die eigenen Kennzahlen Ihres Unternehmens »kreativ« gestalten können. Falls Sie aber nun Kennzahlen anderer Unternehmen analysieren, wissen Sie umgekehrt, dass Sie bei der Interpretation und Bewertung der Kennzahlen und Formeln aus folgenden Gründen eine gesunde Portion Skepsis mitbringen sollten:

- ✔ **Mangelnde Zukunftsbezogenheit der Daten:** Viele für die Berechnung von Kennzahlen und Formeln notwendigen Daten bekommen Sie aus der Finanzbuchhaltung des Unternehmens. Diese Daten sind aber meist vergangenheitsbezogen. Gerade für betriebswirtschaftliche Entscheidungen benötigen Sie jedoch zukunftsbezogene Daten. Dies sind aber meist geschätzte Daten, die mit erheblichen Unsicherheiten verbunden sind.

- ✔ **Mangelnde Objektivität der Daten:** Zukunftsbezogene Daten müssen meist geschätzt werden und können daher besonders einfach manipuliert werden, um Entscheidungen zu beeinflussen. Ein Beispiel ist eine bewusst optimistische Prognose zukünftiger Cashflows durch einen im Moment defizitären Geschäftsbereich.

  Aber auch Daten der Vergangenheit sind oft subjektiv und manipulierbar. Beispiele hierfür sind die bilanzpolitischen Maßnahmen und das Window Dressing, um Kennzahlen im gewünschten Sinne zu beeinflussen.

- ✔ **Bewusste Auswahl von bestimmten Kennziffern:** Unternehmen verfolgen Ziele, an denen sie sich messen lassen müssen. Daher besteht durchaus die Versuchung, genau diese Kennzahlen vorzulegen, bei denen das Unternehmen relativ gut abschneidet. Beispiel: Anstelle des Jahresfehlbetrags weist das Unternehmen als Gewinngröße einen positiven EBITDA-Wert aus.

11 ➤ Zehn Tipps und Tricks

Auch besteht die Gefahr, dass bei der Auswahl der Kennziffern eine einseitige Sichtweise praktiziert wird. So könnte es passieren, dass nur wertorientierte Kennzahlen publiziert und andere wichtige Kennzahlen wie die zur Kunden- und Mitarbeiterzufriedenheit vernachlässigt werden.

✔ **Mangelnde Vollständigkeit der Daten:** Für viele Kennzahlen und Formeln benötigen Sie Daten, die in der normalen Finanzbuchhaltung gar nicht erfasst werden, beispielsweise Kennzahlen aus den Bereichen Produktion, Marketing und Personalwirtschaft. Daher benötigen die Unternehmen entsprechende Datenerfassungssysteme, um diese Kennzahlen und Formeln berechnen zu können. Diesen kostspieligen »Luxus« können sich aber viele kleinere und mittlere Unternehmen nicht leisten, sodass in diesen Unternehmen die Datenbasis für die Berechnung bestimmter Kennzahlen schlichtweg fehlt.

✔ **Keine geeigneten Kennzahlen und Formeln:** Viele für ein Unternehmen wichtige Ziele und Dinge lassen sich gar nicht durch Kennzahlen und Formeln darstellen, beispielsweise Qualität des Managements, Betriebsklima, Innovationsbereitschaft. Kennzahlen sind zwar wichtige Gradmesser und Wegweiser für ein Unternehmen, die den Steuerleuten im Cockpit der Unternehmensführung helfen können. Wie die Piloten in Flugzeugen brauchen die Steuerleute der Unternehmen neben persönlichen Fähigkeiten auch noch viele andere formelle und informelle Informationen, um ein Unternehmen erfolgreich dem Ziel näher zu bringen.

Zehn Top-Kennzahlen und Formeln, die Sie kennen sollten

In diesem Kapitel ...

▶ Formeln, die Sie auf jeden Fall kennen sollten
▶ Was Sie mit den Ergebnissen der Top-10-Formeln anfangen können

---

In den ersten zehn Kapiteln habe ich Ihnen die bekanntesten und in der Unternehmenspraxis gebräuchlichsten Kennzahlen und BWL-Formeln aus den verschiedenen Unternehmensbereichen in hoffentlich verständlicher Form relativ ausführlich erklärt. Sicher haben Sie nicht alle Kennzahlen und Formeln behalten können. Das ist aber auch nicht notwendig, denn Sie können dieses Buch stets als Nachschlagewerk benutzen. Aber sicherlich möchten Sie aus dem Stehgreif etwas zu den wichtigsten Kennzahlen und Formeln sagen können, um in der Betriebswirtschaftslehre und im Unternehmen mitreden zu können.

Zehn der wichtigsten Kennzahlen und Formeln der Betriebswirtschaftslehre stelle ich Ihnen hier zusammen und erläutere sie kurz und knapp. Welches die zehn wichtigsten Kennzahlen und Formeln sind, darüber lässt sich allerdings trefflich streiten – wie bei den Top Ten der Musikcharts. Vermissen Sie eine Kennzahl in den Top Ten – kein Problem. Sie schauen einfach in das Stichwortverzeichnis und schon wissen Sie, wo Sie das Wichtigste zur gesuchten Kennzahl oder Formel nachlesen können.

Den »Gewinn« ermitteln

Für viele Formeln und Kennzahlen wird der Gewinn benötigt. Den »Gewinn« gibt es in der Betriebswirtschaftslehre aber als Kennzahl eigentlich nicht. Dafür gibt es abhängig vom Verwendungszweck verschiedene Messgrößen für den Gewinn. Die wichtigsten Gewinngrößen habe ich für Sie in Tabelle 12.1 zusammengestellt.

Gewinngröße	Berechnung	Hinweise
Jahresüber-schuss	Erträge − Aufwendungen = Jahresüberschuss beziehungsweise Jahresfehlbetrag	Gewinngröße in der GuV und in der Bilanz
EBIT (Earnings Before Interest and Taxes)	Jahresüberschuss beziehungsweise Jahresfehlbetrag + außerordentliche Aufwendungen − außerordentliche Erträge + Steueraufwand − Steuererträge + Zinsaufwand − Zinserträge = EBIT	operatives Unternehmensergebnis vor Abzug von Zinsen und Steuern; unabhängig von regionalen Besteuerungen, unterschiedlichen Finanzierungsformen und außerordentlichen Faktoren; gut geeignet für internationale Vergleiche
EBITDA (Earnings Before Interest, Taxes, Depreciation and Amortization)	EBIT + Abschreibungen auf das materielle und immaterielle Anlagevermögen − Zuschreibungen auf das materielle und immaterielle Anlagevermögen = EBITDA	operatives Unternehmensergebnis vor Abzug von Zinsen, Steuern und Abschreibungen auf das Anlagevermögen; dadurch wird zusätzlich der Einfluss der Abschreibungspolitik beim Anlagevermögen auf das Ergebnis eliminiert; Näherungsgröße für den Cashflow
NOPAT (Net Operating Profit After Taxes)	EBIT − Steuern = NOPAT	operatives Geschäftsergebnis nach Steuern; Gewinngröße für die wertorientierte Unternehmensführung

Tabelle 12.1: Gewinngrößen in der BWL

Welche Gewinngröße Sie zur Berechnung welcher Kennzahlen und Formeln jeweils benötigen, erkläre ich in den einzelnen Kapiteln (insbesondere in den Kapiteln 8 und 10) und verdeutliche ich anhand von Zahlenbeispielen.

Der Break-even-Point: Ab wann das Unternehmen einen Gewinn erzielt

Wann macht ein Unternehmen eigentlich einen Gewinn? Dazu müssen Sie wissen, ab welcher Absatzmenge das Unternehmen die vollen Kosten abdecken kann und in die Gewinnzone kommt. Diesen Punkt nennt man auch *Gewinnschwelle* oder *Break-even-Point*.

Bei der Einführung eines neuen Produkts sind die Kosten in der Regel noch höher als die Erlöse, da das Produkt erst einmal entwickelt, hergestellt und dann auf den Markt gebracht werden muss. Den Break-even-Point erreichen Sie, wenn die Umsätze aus dem Verkauf der Produkte nach einer Anlaufphase mit Verlusten erstmals gleich hoch wie die Gesamtkosten der Leistungserstellung sind. Die für die Erreichung der Gewinnschwelle notwendige Absatzmenge können Sie mit folgender Formel berechnen:

$$\text{Break-even-Menge} = \frac{\text{Fixkosten}}{\text{Preis pro Stück} - \text{variable Stückkosten}}$$

Erst mit dem Erreichen des Break-even-Points lohnt sich für Sie die Entwicklung und Herstellung eines Produkts. Es ist daher von großer Bedeutung, für jedes Produkt die kritische Absatzmenge zu kennen, bei der der Break-even-Point erreicht wird. Schließlich wollen Sie ja auf Dauer Gewinne erzielen und Verluste vermeiden.

Den Übergewinn ermitteln: EVA

Um den Unternehmenswert zu erhöhen, muss ein Unternehmen oder ein Geschäftsbereich aber nicht nur irgendeinen Gewinn erzielen. Es muss nämlich versuchen, einen sogenannten Übergewinn zu erzielen. Einen *Übergewinn* (auch *Residualgewinn* genannt) entsteht dann, wenn das operative Geschäftsergebnis die Kapitalkosten übersteigt.

Eine in der Praxis von vielen Großunternehmen im Rahmen einer wertorientierten Unternehmensführung angewendete Kennzahl zur Ermittlung des Übergewinns ist der *Economic Value Added* (EVA abgekürzt).Ein positiver EVA-Wert bedeutet, dass ein Unternehmen in der betrachteten Periode den Unternehmenswert in Höhe des EVA gesteigert hat. Bei einem negativen EVA hat hingegen eine Wertvernichtung stattgefunden.

Den Übergewinn können Sie über den EVA-Wert folgendermaßen berechnen:

Betriebsergebnis nach Steuern (NOPAT)
− Kapitalkosten
= EVA

Die Kapitalkosten werden dabei folgendermaßen ermittelt:

Kapitalkosten = Durchschnittlicher Kapitalkostensatz (WACC) · eingesetztes Kapital

Wenn Sie mehr zu den WACC und den Kennzahlen der wertorientierten Unternehmensführung erfahren möchten, schauen Sie doch bitte in die Kapitel 6 und 10.

Der operative Liquiditätsüberschuss: Cashflow

Der *Cashflow* gibt an, wie hoch der Liquiditätsüberschuss eines Unternehmens aus dem operativen Geschäft in der letzten Periode war. Er ist also ein Maßstab für die *innere Finanzkraft* und das *Innenfinanzierungspotenzial* eines Unternehmens. Den Liquiditätsüberschuss kann das Unternehmen für folgende Zwecke nutzen:

✔ Finanzierung von Investitionen

✔ Schuldentilgung

✔ Gewinnausschüttung

Den Cashflow können Sie auf direkte und indirekte Weise ermitteln.

Direkte Ermittlung des Cashflows

Auf *direkte* Weise können Sie den Cashflow als Differenz zwischen den Ein- und Auszahlungen aus dem operativen Geschäft einer Periode berechnen.

Einzahlungen aus der laufenden Geschäftstätigkeit
− Auszahlungen aus der laufenden Geschäftstätigkeit
= Cashflow

Indirekte Ermittlung des Cashflows

Zur direkten Ermittlung des Cashflows sind Sie auf die internen Daten des Unternehmens angewiesen. Haben Sie diese nicht, können Sie den Cashflow immer noch auf *indirekte* Weise aus den Daten der Bilanz und der Gewinn-und-Verlust-Rechnung ermitteln:

Jahresüberschuss/-fehlbetrag
+ Abschreibungen
− Zuschreibungen
+ Erhöhung langfristiger Rückstellungen
  (insbesondere Pensionsrückstellungen)
− Minderung langfristiger Rückstellungen
= Cashflow

Um alle Liquiditätsbewegungen eines Unternehmens zu erkennen, sollten Sie einen Blick in die Kapitalflussrechnung(englisch: *Cash Flow Statement*) werfen. Dort wird neben dem gerade erklärten operativen Cashflow auch der Cashflow aus der Investitionstätigkeit und der Cashflow aus Finanzierungsvorgängen des Unternehmens erfasst. Der Saldo aus allen drei Cashflow-Bereichen ist gleich der Veränderung der liquiden Mittel in der betrachteten Periode. Mehr zur Kapitalflussrechnung und weiteren Cashflow-Kennzahlen lesen Sie in Kapitel 7.

Working Capital als weitere Liquiditätsgröße

Neben dem Cashflow ist das *Working Capital* eine weitere wichtige Kennzahl, auf die Sie bei der Liquiditätsanalyse achten sollten. Das Working Capital entspricht der Differenz zwischen dem Umlaufvermögen und kurzfristigen Verbindlichkeiten.

Working Capital = Umlaufvermögen − kurzfristige Verbindlichkeiten

Das Working Capital lässt verschiedene Interpretationen zu:

✔ Das Working Capital ist ein Gradmesser für die Liquiditätslage des Unternehmens. Sie ähnelt der Liquidität 3. Grades, da sie mit denselben Zahlen berechnet wird. Das Ergebnis ist allerdings nicht eine Prozentzahl, sondern eine absolute Differenz in Euro.

✔ Ist das Working Capital positiv, wird ein Teil des Umlaufvermögens mittel- bis langfristig finanziert. Das erkennen Sie durch einen Blick auf das Zahlenbeispiel in Tabelle 12.2 (alle Zahlen in Mio. Euro) deutlich.

Aktiva		Passiva	
Anlagevermögen	800	Eigenkapital (langfristig)	500
Umlaufvermögen	200	Mittel- u. langfristige Verbindlichkeiten	400
		Kurzfristige Verbindlichkeiten	100
Bilanzsumme	1.000	Bilanzsumme	1.000

Tabelle 12.2: Zahlenbeispiel zum Working Capital

Das Working Capital beträgt hier 100 Mio. Euro (200 Mio. Euro−100 Mio. Euro). Somit verfügt das Unternehmen quasi als »Manövriermasse« über ein noch nicht ausgenutztes langfristiges Finanzierungspotenzial von 100 Mio. Euro, das beispielsweise zur Finanzierung weiterer Investitionen genutzt werden kann. Das setzt allerdings voraus, dass das Working Capital dann durch zusätzliche Aufnahme kurzfristiger Finanzmittel finanziert werden kann.

✔ Ist das Ergebnis negativ, bedeutet dies, dass das Umlaufvermögen nicht ausreichend ist, um die gesamten kurzfristigen Verbindlichkeiten zu decken. Das bedeutet, dass Teile des Anlagevermögens kurzfristig finanziert sind und das Unternehmen gegen die klassischen Finanzierungsregeln (siehe Kapitel 7) verstößt. Es könnte daher in Liquiditätsprobleme geraten, wenn es keine neuen Kredite mehr bekommt.

✔ Ein relativ hohes Working Capital deutet auf eine zu hohe Lagerhaltung und/ oder zu hohe ausstehende Forderungen hin. Ein negatives Working Capital könnte durch ein Übermaß an kurzfristigen Verbindlichkeiten verursacht worden sein.

Clevere Finanzanalysten nutzen das Working Capital als Kennzahl zur Liquiditätsbeurteilung auch deshalb, weil das Working Capital nicht durch Window Dressing (siehe Kapitel 11) manipulierbar ist.

Die Selbstkosten als langfristige Preisuntergrenze

Sie möchten den Preis für die Produkte und Dienstleistungen so festlegen, dass Ihr Unternehmen langfristig bestehen kann? Dann sollten Sie wissen, wie hoch Ihre *Selbstkosten* sind. Denn ein Unternehmen kann auf lange Sicht nur existieren, wenn es zumindest alle entstehenden Kosten durch die Umsatzerlöse abdeckt. Das setzt voraus, dass der Preis pro Stück mindestens so hoch ist wie die vollen Stückkosten.

12 ➤ Zehn Top-Kennzahlen und Formeln, die Sie kennen sollten

Die Gesamtkosten pro Stück werden auch als Selbstkosten bezeichnet. Sie können die Selbstkosten aus den Daten der Kostenrechnung im Rahmen der sogenannten mehrstufigen Zuschlagskalkulation (mehr hierzu und zu den anderen Kalkulationsverfahren lesen Sie in Kapitel 8) nach Tabelle 12.3 kalkulieren.

Kostenarten	Bestandteile
Materialkosten	Materialeinzelkosten
	Materialgemeinkosten
+ Fertigungskosten	Fertigungseinzelkosten
	Fertigungsgemeinkosten
	Sondereinzelkosten der Fertigung
= Herstellkosten	
+ Verwaltungsgemeinkosten	
+ Vertriebskosten	Vertriebseinzelkosten
	Vertriebsgemeinkosten
	Sondereinzelkosten des Vertriebs
= Selbstkosten	

Tabelle 12.3: Kalkulation der Selbstkosten

Durch die Selbstkosten wissen Sie, wie hoch Ihr Preis langfristig *mindestens* sein muss. Um mit Ihren Produkten aber einen Gewinn zu erzielen, sollten Sie bei der Preisfestlegung neben der Umsatzsteuer auch einen Gewinnzuschlag einkalkulieren. Clevere Kaufleute erhöhen den Preis dann noch einmal um einen einkalkulierten Rabatt, der den Kunden dann »großzügigerweise« gewährt wird.

Der Kapitalwert: Wann lohnt sich eine Investition?

Ob sich eine Investition zumindest rechnerisch lohnt, können Sie über die Formeln der Investitionsrechnung feststellen. Die wohl wichtigste Methode der Investitionsrechnung ist die *Kapitalwertmethode*. Den Kapitalwert einer Investition können Sie vereinfacht ausgedrückt nach folgender Formel bestimmen:

Summe der Barwerte aller Einzahlungen der Investition
− Summe der Barwerte aller Auszahlungen der Investition
+ Barwert des Liquidationserlöses am Ende der Laufzeit
− Anschaffungsauszahlung der Investition zu Beginn
= Kapitalwert der Investition

Die Barwerte der Ein- und Auszahlungen sowie des Liquidationserlöses ermitteln Sie, indem Sie jede Zahlung auf den heutigen Zeitpunkt abzinsen. Wie das funktioniert und wie Sie diese Formel rechentechnisch genau umsetzen können, erfahren Sie in Kapitel 5 im Abschnitt »Kapitalwertmethode«.

Der Kapitalwert einer Investition ist ein absoluter Geldbetrag (zum Beispiel Kapitalwert = 50.000 Euro). Sie können den Kapitalwert folgendermaßen interpretieren:

✔ **Bei positivem Kapitelwert Investition durchführen.** Ein positiver Kapitalwert sagt Ihnen, um wie viel Euro Sie reicher werden, wenn Sie die Investition durchführen, anstatt das für die Investition notwendige Kapital am Kapitalmarkt anzulegen. Die Verzinsung der Investition ist höher als der übliche Kapitalmarktzins. Daher sollten Sie jede Investition durchführen, die einen positiven Kapitalwert hat.

✔ **Bei negativem Kapitalwert nicht investieren.** Umgekehrt sollten Sie jede Investition unterlassen, die einen negativen Kapitalwert aufweist. Da ist es besser, freie Gelder am Kapitalmarkt anzulegen.

✔ **Das Projekt mit dem höheren Kapitalwert durchführen.** Wenn Sie sich zwischen mehreren alternativen Investitionsprojekten für ein Investitionsprojekt entscheiden müssen, sollten Sie die Investition auswählen, deren Kapitalwert am größten ist.

Die Eigenkapitalquote: Wie stabil ist das Unternehmen?

Die *Eigenkapitalquote* zeigt Ihnen, wie hoch der Anteil des Eigenkapitals am Gesamtkapital ist. Je höher die Eigenkapitalquote ist, desto größer ist die finanzielle Stabilität des Unternehmens. Sie können die Eigenkapitalquote wie folgt berechnen:

$$\text{Eigenkapitalquote} = \frac{\text{Eigenkapital}}{\text{Gesamtkapital}} \cdot 100$$

12 ➤ Zehn Top-Kennzahlen und Formeln, die Sie kennen sollten

Was spricht für eine möglichst hohe Eigenkapitalquote? Folgende Argumente können Sie anführen:

- ✔ Je mehr Eigenkapital ein Unternehmen hat, desto leichter ist es, zukünftige Verluste aufzufangen. Hat das Unternehmen nur wenig Eigenkapital und muss es einen größeren Verlust hinnehmen, kann es schnell insolvent werden.

- ✔ Eigenkapital ist eine langfristige Finanzierungsquelle und hilft so, die Finanzierungsregeln (siehe Kapital 7) einzuhalten.

- ✔ Ein ausreichendes Eigenkapital ist wichtig für die Kreditwürdigkeit. Je höher die Eigenkapitalquote, desto besser bewerten die Banken die Bonität und die Ratingagenturen das Rating eines Unternehmens. Durch eine hohe Kreditwürdigkeit kommen die Unternehmen leichter und kostengünstiger an Fremdkapital.

- ✔ Wenn ein Unternehmen sich verstärkt mit Eigenkapital finanziert, braucht es entsprechend weniger Fremdkapital und reduziert so seine finanziellen Belastungen aus Zinszahlungen und Kredittilgungen.

Allerdings gibt es auch Gründe, warum die Eigenkapitalquote auch nicht zu hoch sein sollte:

- ✔ Eine hohe Eigenkapitalquote ist schlecht für die Eigenkapitalrendite (mehr dazu lesen Sie in Kapitel 11). Je mehr Eigenkapital ein Unternehmen einsetzt, desto geringer fällt normalerweise die Rendite für die Eigenkapitalgeber aus.

- ✔ Eine zu hoch ausfallende Eigenkapitalquote kann aber auch für eine mangelnde Investitions- und Wachstumsbereitschaft eines Unternehmens sprechen. Möglicherweise werden die Gewinne des Unternehmens nicht wieder reinvestiert, sondern im Rahmen der Gewinneinbehaltung dem Eigenkapital zugeführt.

Marktkapitalisierung: Wie viel ist das Eigenkapital eines Unternehmens am Markt wert?

Für die Berechnung der Eigenkapitalquote wird meist das in der Bilanz ausgewiesene Eigenkapital herangezogen. Oft jedoch ist das Eigenkapital eines Unternehmens mehr wert, als die Bilanz aussagt. Wenn ein Unternehmen an der Börse notiert ist, können Sie leicht feststellen, wie hoch zurzeit der Wert des Eigenkapitals am Markt ist. Den aktuellen Börsenwert einer Aktiengesellschaft – auch *Bör-*

sen- oder *Marktkapitalisierung* genannt – können Sie berechnen, indem Sie den aktuellen Aktienkurs des Unternehmens mit der Anzahl aller umlaufenden Aktien multiplizieren.

Marktkapitalisierung = Aktienkurs · Anzahl der ausgegebenen Aktien

Nehmen wir einmal an, Sie möchten die Marktkapitalisierung des im Jahr 2011 teuersten deutschen Unternehmens, der Siemens AG, berechnen. Für den 30. Dezember 2011 erhalten Sie folgende Werte:

Marktkapitalisierung = 73,94 Euro · 914.203.421 Stück = 67,6 Mrd. Euro

Da sich der Aktienkurs eines Unternehmens täglich ändert, schwankt auch die Marktkapitalisierung ständig in Abhängigkeit von der Börsenentwicklung der Aktie. Besonders interessant ist der Börsenwert des Eigenkapitals bei einer möglichen Übernahme einer Aktiengesellschaft, da die Marktkapitalisierung angibt, welchen Betrag ein Investor für eine komplette Übernahme mindestens aufbringen muss.

Anstelle der Marktkapitalisierung können Sie auch auf andere Methoden der Unternehmensbewertung wie das *Discounted-Cash-Flow-Verfahren* (siehe Kapitel 10) verwenden, um den Wert eines Unternehmens und seines Eigenkapitals zu ermitteln.

Umsatzrentabilität: Wie viel Gewinn pro Euro Umsatz?

Eine weitere wichtige Kennzahl zur Beurteilung der Ertragskraft eines Unternehmens ist die *Umsatzrentabilität* oder *Umsatzrendite*. Die Umsatzrentabilität sagt Ihnen, wie viel Gewinn ein Unternehmen pro Euro Umsatz in der betrachteten Periode erzielt hat. Eine Umsatzrendite von 10 % bedeutet, dass mit jedem Euro Umsatz ein Gewinn von 10 Cent erwirtschaftet wird.

$$\text{Umsatzrentabilität} = \frac{\text{Gewinn}}{\text{Umsatzerlöse}} \cdot 100$$

Bei der Berechnung der Umsatzrentabilität können Sie für den Gewinn verschiedene Gewinngrößen wie den Jahresüberschuss oder das Betriebsergebnis heranziehen. Aus Gründen der Vergleichbarkeit verwenden Finanzanalysten häufig bei (internationalen) Unternehmensvergleichen den EBIT (siehe den Abschnitt »Den ›Gewinn‹ ermitteln« weiter vorn in diesem Kapitel), da dieser unabhängig von der Finanzierung des Unternehmens und von den nationalen Steuervorschriften ist.

Eine relativ geringe Umsatzrendite – im unteren einstelligen Prozentbereich – kann verschiedene Ursachen haben:

✔ Das Unternehmen verkauft seine Produkte in einem hart umkämpften, wettbewerbsintensiven Markt, sodass nur geringe Gewinnmargen erzielt werden können.

✔ Das Unternehmen leidet unter einer schlechten Produktivität und hat zu hohe Kosten.

Stichwortverzeichnis

A

ABC-Analyse 36
Absatzpotenzial 49
Absatzvolumen 49
Abschreibung 60, 139
　arithmetisch-degressive 139
　geometrisch-degressive 139
　lineare 139
Akkordlohn 165
Aktienbewertung 91
A-Materialien 36
Amortisationsrechnung 64
Andlersche Formel 39
Angebotserfolg 50
Anhang 98
Anlagenintensität 101
Annuität 71
Annuitätenmethode 71
Ansatz- und Bewertungswahlrechte 200
Anspannungsgrad 117
Äquivalenzziffernkalkulation 144
Arithmetisch-degressive Abschreibung 139
Auftragsreichweite 50
Aufwand 31
Ausbildungsplatzattraktivität 162
Ausschussquote 48

B

Balanced Scorecard 189
bankers rule 110
Barwert 65, 66
Behindertenanteil 169
Benchmarking 198
Beschaffungskosten 39
Beschaffungsmenge
　ermitteln 38
Beschäftigungsgrad 48
Bestellbestand 38
Bestellmenge
　optimale 39
Bestellpunktsystem 40
Bestellrhythmussystem 40
Bestellzeitpunkt 40
Betriebskosten 60
Betriebszugehörigkeit 169
Beziehungszahlen 196
Bilanz 97
Bilanzpolitik 200
Bilanzregel
　Goldene 104
B-Materialien 36
Break-even-Analyse 45
Break-even-Point 44, 209
Bruttobedarf 38
Bruttoverfahren 184

C

Cash Flow Return on Investment 179
Cash Flow Statement 111, 211
Cashflow 110, 210
　bei der Rentabilitätsberechnung 122
　direkte Ermittlung 210
　indirekte Ermittlung 210
　pro Mitarbeiter 167
Cashflow-Investitionsverhältnis 114
Cashflow-Marge 114
CFROI 179
C-Materialien 36

D

Debitorenumschlag 108
Debitorenziel 109
Deckungsbeitrag relativer 47
Deckungsbeitragsrechnung 46, 148
  Anwendungsbereiche 151
  einstufige 149
  mehrstufige 150
Direct Costing 149
Discounted Cash Flow 183
Dividendenrendite 91
Divisionskalkulation 143
Du-Pont-Kennzahlensystem 122
Durchschnittliche Lagerdauer 42
Durchschnittswertverfahren 136
Dynamischer Verschuldungsgrad 114

E

EBIT 171, 208
EBITDA 172, 208
EBIT-Marge 121, 172
Echte Gemeinkosten 126
Economic Value Added 177, 209
Effektivzins 72, 85
Effizienz der Personalbeschaffung 162
Eigenkapital 33
Eigenkapitalkosten 87
Eigenkapitalquote 87, 115, 214
Eigenkapitalrendite 33, 90
Eigenkapitalrentabilität 32, 119, 203
Einstellungsquote 162
Einzelkosten 126
Endwert 76
Entity Method 184
Entscheidungsindifferenz 70
Equity Method 185
Equity Value 181, 185
Erlösfunktion 52
Ertrag 31
EVA 177, 209
Exportquote 50

F

Fehlzeitenquote 168
Festpreisverfahren 138
FIFO 138
Finanzierung 84
Finanzierungsregel 103
  Goldene 103
Finanzinvestitionen 59
Fixkosten 52, 126, 132
Fixkostendegressionseffekt 133
Fluktuationsquote 168
Fortschreibungsmethode 41, 135
Frauenanteil 169
Free Cash Flow 113
Fremdkapitalkosten 87
Fremdkapitalquote 87, 117
Fremdkapitalstruktur 118
Fristenkongruenz 103
Frühfluktuationsrate 163

G

Geldakkord 165
Gemeinkosten
  echte 126
  unechte 126
Geometrisch-degressive
  Abschreibung 139
Gesamtkapitalbedarf
  bilanzorientierte Ermittlung 82
  zahlungsorientierte Ermittlung 82
Gesamtkapitalkosten 86
Gesamtkapitalrentabilität 120
Gesamtkapitalumschlag 121
Gesamtkosten 44, 126
Geschäftsbericht 97
Gewinn 33, 207
  maximaler 52
  pro Aktie 91
  vor Zinsen 63
Gewinnfunktion 52
Gewinnschwelle 44
Gewinnthesaurierung 116

Stichwortverzeichnis

Gewinn-und-Verlust-Rechnung (GuV) 97
Gewinnvergleichsrechnung 62
Gliederungszahlen 196
Goldene Bilanzregel 104
Goldene Finanzierungsregel 103
Grad der Personaldeckung 162
Grenzkosten 126
Grundkosten 127
Grundsatz der Fristenkongruenz 103

H

HIFO 138

I

Indexzahlen 197
Innenfinanzierungspotenzial 210
Interne Zinsfußmethode 72
Interner Zinsfuß 72, 73
Inventurmethode 41
Investitionen 59
 immaterielle 59
Investitionsrechnung
 Annuitätenmethode 71
 dynamische Methoden 67, 68
 interne Zinsfußmethode 72
 Kapitalwertmethode 68
 Nutzwertanalyse 77
 statische Methoden 60
 Vollständiger Finanzplan 73
Investitionsrisiko 64
Irrelevante Kosten 127
Istkosten 127

J

Jahresabschluss 98
Jahresüberschuss 208

K

Kalkulationsverfahren
 im Überblick 148
Kalkulatorische Kosten 127, 138
Kalkulatorische Miete 142
Kalkulatorische Wagniskosten 142
Kalkulatorische Zinsen 61
Kalkulatorischer Unternehmerlohn 142
Kapazitätsauslastungsgrad 48
Kapitalbedarf 81
 Forderungen 83
 Vorräte 83
Kapitalflussrechnung 98, 111, 211
Kapitalkosten 60
Kapitalmarkt
 vollkommener 68
Kapitalstruktur 87, 115
Kapitalumschlag 83
Kapitalwert 68, 70, 213
Kapitalwertmethode 68, 213
Kennzahlen
 absolute 32
 relative 32
Kennzahlensysteme 122
Kennzahlenvergleiche 198
KGV 92
Kosten 125, 128
 degressiv steigende 131
 fixe 52, 126, 132
 irrelevante 127
 kalkulatorische 127, 138
 pagatorische 128
 proportional steigende 130
 relevante 127
 sprungfixe 126, 133
 variable 44, 52, 126
Kostenartenrechnung 134
Kostenbegriffe 126
Kostenfunktion 52
Kostenstellenrechnung 134
Kostenträgerrechnung 134
Kostenvergleichsrechnung 60
Kostenverläufe 130

Kreditorenziel 109
Kreuzpreiselastizität 54
Kuppelkalkulation 147
Kurs-Gewinn-Verhältnis 92

L

Lagebericht 98
Lagerbestand 38, 39
   in % des Umsatzes 42
Lagerbestandsüberwachung 41
Lagerdauer
   durchschnittliche 42
Lagerkosten 39
Lagerumschlagshäufigkeit 41
Leistungsabschreibung 139
Leistungslohn 165
Leverage-Effekt 89, 204
Lieferantenkredit 86
Lieferbereitschaftsgrad 41
LIFO 138
Lineare Abschreibung 139
Liquidität 1. Grades 105
Liquidität 2. Grades 105
Liquidität 3. Grades 106
Liquiditätsbedarf 81
Liquiditätsgrade 105
LOFO 138
Lohnformen 164
Losgröße
   optimale 43

M

Market Value Added 186
Marketing 49
Marktanteil
   absoluter 50
   relativer 50
Marktkapitalisierung 181, 215
Marktpotenzial 49
Marktvolumen 49
Marktwachstum 50
Marktwert des Eigenkapitals 185
Marktwertmethode 148

Materialanalyse 35
Materialbedarf 38
Materialbedarfsbestimmung 38
Materialverbrauch 41, 135
   Inventurmethode 135
   Rückrechnung 135
   Skontrationsmethode 135
Materialverbrauchsberechnung
   Durchschnittswertverfahren 136
   Festpreisverfahren 136
   Verbrauchsfolgeverfahren 136
Maximumprinzip 29
Miete
   kalkulatorische 142
Minimumprinzip 29
MVA 186

N

Net Working Capital 211
Nettobedarf 39
Nettoverfahren 185
Nettoverschuldung 114
NOPAT 176, 208
Normalkosten 127
Nutzwertanalyse 77

O

Ökonomisches Prinzip 29
Opportunität 70
Optimale Bestellmenge 39
Optimale Losgröße 43
Optimumprinzip 30

P

Pagatorische Kosten 128
Pay-off-Methode 64
Personal
   als Kostenfaktor 159
   als soziale Größe 160
   als Wettbewerbsfaktor 159
Personalaufwandsquote 159, 160

Stichwortverzeichnis

Personalbedarfsplanung 160
Personalbeschaffung 161
Personalbeschaffungskosten pro
   Einstellung 163
Personalkosten je Mitarbeiter 167
Personalkosten pro Stunde 168
Plandaten 198
Plankosten 127, 152
Plankostenrechnung 152
   auf Teilkostenbasis 154
   auf Vollkostenbasis 152
   flexible 154
   starre 152
Portfoliomanagement 187
Prämienlohn 166
Preis
   gewinnmaximaler 52
Preis-Absatz-Funktion 50
Preiselastizität 53
Preiskalkulation 54
Preisuntergrenze 212
   kurzfristige 130
   langfristige 130
Primärbedarf 38
Prinzip
   ökonomisches 29
Produktionsprogrammplanung 46
Produktivität 30
   der Personalbeschaffung 163

Q

Qualifikationsstruktur 170

R

Rechnungswesen
   externes 97
   internes 125
Relevante Kosten 127
Rendite 72
Rentabilität 32, 72
Rentabilitätskennzahlen 32, 118
Rentabilitätsrechnung 63

Rentenbarwertfaktor 67
Residualgewinn 176, 209
Restwertmethode 147
Retrograde Methode 41
Return on Capital Employed 178, 187
Return on Equity (ROE) 123
Return on Investment (ROI) 122
Risiko
   Leverage-Risiko 88
ROCE 178
ROE 123
ROI 122
Rückrechnung 41
Rückrechnungsmethode 136

S

Sachinvestitionen 59
Sättigungsgrad des Marktes 50
Scoring-Modell 77
Sekundärbedarf) 38
Selbstkosten 212
Skonto 86
Skontraktionsmethode 41
Skontrationsmethode 135
Soll-Ist-Vergleich 199
Sprungfixe Kosten 126, 133
Stückkosten 126, 143
   Kalkulationsverfahren 143

T

tax shield 87
Teilkostenrechnung 127, 148

U

Übergewinn 176, 209
Übernahmequote 170
Überrendite 176
Überstundenquote 168
Umlaufintensität 101
Umsatz 33, 44
   pro Kunde 50

Umsatzrendite 33
Umsatzrentabilität 32, 120, 216
Umschlaghäufigkeit der Vorräte 108
Uniform-Methode 85
Unkosten 128
Unternehmerlohn
  kalkulatorischer 142

V

Variable Kosten 44, 52, 126
Verbrauchsfolgeverfahren 137
Vergangenheitsdaten 198
Verhältniszahlen 196
Vermögensstrukturanalyse 101
Verschuldungsgrad 89, 117
  dynamischer 114
VoFi Siehe Vollständiger Finanzplan
Vollkostenrechnung 127
Vollständiger Finanzplan (VoFi) 73, 76
Vormerkbestand 38
Vorstellungsquote 162

W

WACC Siehe Gesamtkapitalkosten
Wagniskosten
  kalkulatorische 142
Weighted Average Cost of Capital 87
Weiterbildungskosten pro Mitarbeiter 170
Weiterbildungszeit pro Mitarbeiter 170
Werkstattbestand 39
Wertbeitrag 188
Wertbeitragstrend 188
Wertpapierpensionsgeschäfte 202

Window Dressing 202
Wirtschaftlichkeit 31
Wirtschaftlichkeit des Unternehmens 129
Working Capital 107, 211
Working Capital Management 110

X

X-Materialien 37
XYZ-Analyse 37

Y

Y-Materialien 37

Z

Zahlen
  absolute 196
  relative 196
Zahlungsstrom 66
Zeitakkord 165
Zeitlohn 164
Zinsen
  kalkulatorische 61, 140
Zinseszinsrechnung 71
Zinsfuß
  interner 72
Z-Materialien 37
Zuschlagskalkulation 145
  differenzierende 146
  einstufige 146
  mehrstufige 146
  summarische 146
ZVEI-System 123